知生死，不如体会生死；

体会生死，不如契合生死；

契合生死，不如利用生死。

生死

皆自在

死

释证严 讲述

利用可用之身
发挥载道器的良能

释证严

体会生死，契合生死，利用生死。

　　凡夫之心总是不断生灭，只是自己不曾察觉，也不会去注意。一般人对生死大事平时也无警觉，只有学佛的人才会用心去了解生死。

　　佛陀在世时，他的周围有很多大智慧者，如文殊菩萨将佛陀的教法弘扬至偏远地区，以其智慧发挥佛陀的精神，说明佛法的微妙，平常的人应该都能接受而开启智慧。不过，却还是有人问："明明知道生死是虚妄的，为什么人们还是在生死中流转？"这表示问话的人虽能接受文殊菩萨的教法，却仍无法体会生死的究竟之道。

　　现世间就像一个大染缸，在险恶的社会中，常人都迷茫于生死，很多人看到我都会说："师父，请您为我加持，让我开智慧。"其实，凡事都要靠自己下功夫。文殊菩萨所说的生死大法，周围的人无法完全体悟，这是因为修行的工夫还不够，所以需要不断自我努力,并没有什么人可以给你智慧,也不是谁就能为你加持。

学佛,分分秒秒都要身心一致,不让心念散乱。譬如坐下来时,身体静止了,但是心静定了吗?若只是一味在文字上寻找生死的妙法,难免徒劳无功。有一位学僧请教禅师生死之法,这位学僧说:"明明知道生是无生法,我怎么还是在生死迷茫中流转?"禅师回应他说:"你知道笋子长大了是竹子,而笋子是竹子生出来的;笋子长成竹子,又可拿去做竹筏。你用心想一想。"禅师的开示只是到此为止。

大家也来想一想,笋子是竹子生的,笋子长大了是竹子,而竹子拿去做竹筏,这段话是什么意思呢?这段话其实是告诉我们:知道生死倒不如体会生死;可以体会生死,不如契合生死;要契合生死,不如利用生死!

只是知道生死,一旦面临生死边缘,往往就慌乱无措、烦恼不已,这是因为面对问题的人是"自己"。如果是发生在别人身上,我们大可理性的说"生是死的起点,死就是生的开头",一副看得很淡的样子,这是对他人生死的体会。体会之后最好能进一步去契合,比如较亲近的人往生,你会有惶恐、烦恼、悲哀的感受,这表示你还不能完全契合生死的道理。

所以,不论生死的课题是发生在什么人身上,我们都要学会

"一切放下"，再进一层做到"利用生死"。我常说"身是载道器"，将来到底何去何从，不是坐在那里说"知道"，生死就可以自己做主。最要紧的，是利用此有生有死的身体赶快去造作，训练心不随境转，造作未来的净业，消除一切烦恼业障。

"知生死，不如体会生死；体会生死，不如契合生死；契合生死，不如利用生死。"总之，我们要"利用生死"，难得来人生一趟，不要浪费时间，要好好利用人生，这才是真正体会、契合生死之理。

生之悲苦，死之喜悦？

静思书斋

总是忘不了那位死了妻子，却鼓盆而歌的庄子。

有人以为他悲伤过度，因而失去常态，做出疯傻的行为；有人评论这是好出风头，才拿至亲的死当作机会，又做出一些与众不同的反应；也有人认为这根本是离经叛道，破坏社会善良风气，引导人产生错误印象。

庄子其人早已作古，当然无法请他本人再来讲个清楚、说个明白，但是透过此一迥异常人的表达，除了冲淡人们对死亡的忧伤与恐惧，同时也鼓舞人更进一步探讨，这神秘的死亡课题。

人生百年终一死，这是未生之前就已注定的自然循环，但是面临生离死别之际，多少人能不悲伤？多少人真能看透、放下？若是根本不知生从何来，不知死往何去，又怎能毫无牵挂的慷慨就死。

相信这是个人人都愿意关心的议题，也因此有了本书的产生，这是一本有关生死问题的专书，也是面对生命的极佳参考。内容的安排由"生死专题"开始，探讨历年来逐渐受到大众注意的器官捐赠观念，以及国内外几则重大事件对社会的警示。

紧接着"生命的勇者"及"生与死的故事"两个单元,在使两千多年前的佛典故事,与实际的现代人生相互印证辉映。以佛法为心灵的支持;以真人实事作为面对生死的安定力量,看看别人,想想自己,未来的道路将会"走"的更安心。

　　如果您还有疑问,接下来即搜集了"生死箴言"及"生死问答"两个单元,回答您有关生死的提问,破解生活中的诸多迷惘。期待读者们从不同的事件中,找到对生命疑惑的解答,让活在当下的脚步更贴近宇宙生生不息的脉动。

　　读完本书,或许我们也能做一位现代庄子,虽然不必学他鼓盆而歌这样略显荒唐,却能清除内心对死亡不必要的错觉与纠缠,不论生、老、病、死,都让它回归自然。以感恩心关怀周遭每一个还活着的人,以真诚的祝福陪伴即将离开世间的生命,再以无限的希望为他送别,深信,只要他曾经明白爱的真谛,终会再重返爱的所在。

目　录

第一章：

生死皆自在
轻安见如来

生·死·专·题

世间无常苍凉意，缘到尽时终需离；

长忆人间红尘事，谢君舍身成大义；

今朝承君舍大体，他日愿为救世医；

尘世善芽处处萌，大情大爱耀大地。

公元一九九四年，慈济医学院创校（注：二○○○年改制为慈济大学，以下所称医学院均指慈济大学医学院，医院则是花莲慈济医院），一九九六年大体解剖室启用，并成立"大舍堂"纪念大体老师。

所谓"大体老师"，即是自愿于往生后，将遗体捐予医学院作为解剖、教学之用的舍身菩萨。大体的运用，第一可供作医学院三年级学生从事解剖课程，将课本上的知识化为具体，使医学生对人体的层层结构，有了实际而深层的认识。这是培育良医医术的第一步。

再者，除了担任"学生的老师"，也可以进一步担任"老师的老师"，即是提供医院医师从事"病理解剖"，建立完整病理资料，尤其对罕见病例的了解，更有实际而具体的贡献，有利于其他相同病例的及时判读与施救。另外，医师解剖时，亦有医学院学生从旁观察学习，一边听从医师（老师）解说，增进丰富医学认识。

二〇〇二年，慈济进一步推动"人体多元化捐赠"，开展台湾首创之临床模拟手术教学，使医学院与医院外科医师合作，开办医学院七年级学生"临床解剖学"课程。自愿捐赠的遗体，由医学生亲自操刀，外科医师从旁指导，实际模拟各种临床手术过程，让学生在步出校园前即具有实际操刀，与储备经验的机会。这是对未来真实病人的一大贡献。

大体老师的角色，随着医疗教学发达，扮演出不同的新面貌，而其中大爱舍身的精神却是不变的。中国人一向有着全尸的观念，能够突破传统的局限，并且抛弃对自我躯体的执爱，难舍能舍，的确需要有大爱泽医的精神，才能无悔无惧地完成身后喜舍的心愿。接着我们就要进入第一篇：生死专题。包含人往生后遗体化腐朽为贡献的理念；慈济推行大体捐赠、器官捐赠的相关事宜，以及佛教对"人生无常"的阐释、念佛的助益，帮助我们多掌握一分自己的"身后事"。

死亡并不可怕，怕的是我们没有做好准备，不愿意提前去了解这个人生必然的课题。只要我们放下对死亡的成见，以自然的心情来面对它、了解它，理出一条清清楚楚的道路，有一天，不论我们要以何种方式面对死亡，相信都能多一分平静，多一分接受，甚至多一分美！

遗爱人间

每天晚上的睡眠是小死；一口气出去不再进来，就叫做"长眠"。生命结束了，意识(灵魂)即脱离躯体，剩下的躯壳应该怎么处理呢？

遗体之处理观

大家来上这一堂生死学的课程，可说是苦乐参半。乐就是欢喜，欢喜什么呢？随喜功德！看到别人的"大舍"，从内心起了一分尊重，有了尊重及欢喜心就能赞叹别人，能赞叹别人这也是一分功德，所以就会快乐。苦呢？看到遗体捐赠者从前的生活照，曾经，他们与我们一样——有属于自己的生活，有团聚天伦的家庭，他们是那个家庭的一分子，曾经来过人间一趟，曾经在天地间悠然生活。

现在他发心捐赠遗体，提供医学院的教授、学生们从事医学教学，这样豁达的心怀真是令人恭敬。人生不过是短短的一段过程,这一生到底是苦呢,还是乐呢?

人生在吞下最后一口气后,生命就结束了,意识(一般人所说的灵魂)即脱离躯体,而剩下的躯壳应该怎么处理呢? 埋起来嘛,放在棺材里会逐渐肿胀而流出尸水,那种尸腐的臭味是难以形容的,接下来,还不知要被虫蚁侵噬多久。用火化的方式好不好呢? 其实火葬倒是不错,不过,一把火烧成灰就没了,这样还是很可惜。

所以,假如到了那么一天,我很希望能够奉献出这个躯壳,提供医学院教学之用,因为医学教学完备,医疗技术就可以有很好的发展,将来利益更多的人。

废物利用,提升医学

人生最苦莫过于病痛,病痛如果可以减轻、解除,是人生最感恩、最欢喜的事。

之前花莲慈济医院有一位三十几岁的病患,原本整个背部驼得像弯曲的虾子,曲度有一百六十几度,在报纸上得知陈英和医师对矫正脊椎弯曲非常在行,所以就前来接受手术。手术后,成天都要躺着,非常不舒服,但是渐渐的这位患者能挺立起来了,他移步到窗边往外面一看,忍不住赞叹着:"哇! 好久没看到这么美的境界!"他终于能以正常人的视界来观看这些美丽的景色,而不再只是眼睛对着冷冰冰的地面。相信失而复得之后,他所看到的境界一定比其他人的更美。

为什么医疗科技可以为他做这样的矫正?就是靠医师对人体结构有精准的认识与掌握,也就是在医学院的解剖教学中,就要奠立良好的基础,之后再经过研究与深入,始能对病情做出最佳的判断与治疗。

因此,"大体捐赠,废物利用"的观念,确实是人生最后的价值所在,能够把无用的躯壳捐作医学研究,使医学生甚或医师对人体的了解更深刻完整,病痛苦难者获得解救的机会,也就增加了一分。这种百利而无一害的事,我们为什么不去做呢?是不是因为被一些讯息所迷惑了呢?

是否违背佛教?

比如,有的人会问:佛教似乎有这样的说法,即是人往生后,八小时或是二十四小时内,不可移动他的身体,但是捐赠遗体或器官,却要及时摘取器官或为遗体做防腐处理,甚至不能等到八小时之后再移动,这样不是违背了佛陀的教理吗?

其实,如果推溯到佛陀时代的原点,当时佛陀并不曾说过人往生后要多久才能移动,很多说法都是因为后人论著而发展出来的。看看在佛的《本生经》里,每每都是佛陀在过去生中,为众生献身命的记载，例如割肉饲鹰、舍身喂虎等等感人举动，这都是佛陀发心度众的心愿。能达成自己的心愿，那是最欢喜的时刻。

人在往生后，意识便离开身体，随着各人业力与愿力的不同，有的人还是带着瞋恨心、烦恼心而去，但也有人坚持着生前的愿心及愿力。所以，如果不愿意捐赠的人，就不要移动他，以免引起他的烦恼，但如果是自己发愿的人，专业人员在为他处理时，他就会很欢喜，绝对不会有痛苦。这种成就愿心的欢喜，也就是功德。

总而言之，人生最大的意义就在有"使用权"的时候，世间没有"所有权"，包括我们的身体，都只有使用权而已。但是一般人总是脱不了爱欲执取，对生活的一切存在许多迷思。

衣食住行的迷信

生、老、病、死是人生必然的现象，说病就病更是司空见惯，但是没有人会喜欢生病，没有人愿意硬生生被夺去生命。可是不喜欢也没有权力对疾病说"不"，当然，哪一天人要往生了，也不能说："等一下，我还要做什么……"

我们的身体是不是真正属于自己呢？事实上，如果不去使用，那是不用白不用，能使用它时才是自我的价值，付出去之后

就是我所得到的,这是分分已获的欢喜。到了人生的最后,能奉献躯体作为医学研究,这样一点都不浪费。我常说:"惜福,惜福!"来到人间,就是我们的身体最消福——吃要吃最好的、有营养的;什么东西煮过就没营养,要生吃才有营养,这就是吃的迷信。

穿着呢!要穿名牌才有派头,这是穿的迷信。至于住的迷信,睡觉的地方其实只要六尺长、三尺宽的大小,就足够我们睡眠养精蓄锐,何必要广大舒适。行的方面,更不必有豪华轿车才能代步,用所当用,才是适得其所。

可惜很多人都被求享受的感觉迷惑了,迷失在生活上的衣、食、住、行中,所以就无所不用其极地消费,糟蹋了一切物质。现在,大家应该要知道如何惜福,如何废物利用,就连我们死后的身体也可以"回收再利用"。

二 众弟子响应遗体捐赠

很感恩大家,在我呼吁大体捐赠之后,就有发心菩萨把自己最后的身体捐出来。其中之一的马居士,往生前我到病房去看他,他都会说:"师父,您一定要好好地拉拔我,我一定还要再来,到时候我还要做师父的弟子。我死后的身体,也请师父好好帮我利用,我要捐给医学院!"往事历历在目,实在是很令人感动。

还有精舍德恒师的俗家母亲往生前,德恒师问她:"妈妈,假如您往生了,愿不愿意把大体捐给医学院啊?"她明智的同意了,往生后,子女们以欢喜的心圆满了妈妈的愿。

来自慈济家庭的香勋,是一位年轻、活泼的女孩,突然间身体不适就"走了",虽然令大家措手不及,但由于她们一家都是慈济人,所以就做出捐赠遗体的决定。想想,当初如果只是将她火化了,现在也不过是一堆骨灰而已,如今捐出了大体,不管是爸爸、妈妈都会想:"我的女儿还在这里,她的身体可以做医学研究!"我想应该也是很欢喜、很安心,这就是随喜功德。

没有苦就无法体悟乐

人生的缘与爱到底要如何面对? 以世俗的价值观来处理,有的人舍不得情缘,但最后还是要舍。至于舍了之后还能如何运用,这是个值得细思的问题,能够舍出大体,这样的运用确实很好。记得,将来我往生了,也要做大体捐赠! 当然,还可以用的器官如果能及时派上用场,赶快帮我捐出来,这也是一件好事。

人生本就苦多乐少,而没有苦就无法体悟乐的真谛,所以,我们应该勘破这个道理——苦就是乐的根源。怎样去体会苦? 怎样能转苦为乐? 若能适当处理,这分破茧而出的心得是最快乐的。

很感恩大家为推动大体捐赠所做的付出，甚至自己也极力护持，填写了大体捐赠卡。台湾也有其他医学院很缺乏大体，有几所前来委托慈济转捐大体给他们，这同样是在医学的应用上，大家要用正确的心态来看待捐大体这件事，而且不一定都要捐给慈济，其他的医学院也可以捐。

每个人都会死，死后的境界我们没办法知道，不过可以大约推理出来，由一些从生死边缘活过来的人口中，他们描述死亡就像睡着一般。其实，我们每天晚上的睡眠即是小死；如果一口气出去没有再回来，这就叫做"长眠"。

睡眠时我们会做梦，在好的梦境中总是感觉轻飘飘的，没什么痛苦，这种感觉应该与死亡时是一样的。人的第八意识中可能存有瞋恨心，却也有发大愿的愿心，如果我们能圆满自愿捐赠者的心愿，往生者就会很高兴。

所以我们在解说与劝导人捐赠时，如果对方很期待能奉献出来，我们要尽量成就他的愿望；如果他不愿意，一定不要勉强。对家属的意愿也是一样，总是让各方面得到圆满，这才是我们推动的原则。感恩大家的用心与努力！

舍身成大义

世间无常苍凉意，缘到尽时终需离；

长忆人间红尘事，谢君舍身成大义；

今朝承君舍大体，他日愿为救世医；

尘世善芽处处萌，大情大爱耀大地。

12

　　本年度医学系三年级学生从事"大体解剖课程"，使用十二具大体，另四具经家属同意转赠台大及成大医学院，亦同时送回慈济医学院，一起入龛供奉于大舍堂。

　　追思仪式在解剖学科实验室举行，有六十多位捐赠者家属与近百位志工和学生参加，中国医药学院也有两位贵宾与会观摩。学生代表上台分享参与解剖课程半年来的心得时，电视荧幕上配合播放该组大体老师生前的照片，睹境思人，许多人不禁潸然泪下。

谢君舍身成大义

　　洪宗兴同学表示，教授上第一堂课时就对同学们说，每具大体都是我们的老师,大家要用心学习才不辜负大体老师的期望。所以他一直维持一个习惯,就是每回进解剖教室一定向他们那组的大体老师说:"老师,今天拜托您了!"回去前也一定对大体老师说:"老师,今天谢谢您了!"

"有时候看到大体老师,心里非常难过,一个家庭的欢乐就这样被无情的病魔破坏,从此只能在回忆中追思⋯⋯但是令我感动的是,大体老师们能看破尘世的无常,愿意捐出遗体让我们解剖研究,延续了生命的尊严与价值,这就好像一股浩瀚磅礴的生气,从他们的体内,经由'缘'这个字注入我们这群年轻小伙子身上,完成我们的医学使命。

想到这里就决定更认真学习,好让大体老师安心。假如换成是我,我也愿意捐大体吗? 我很明白地告诉自己:我愿意! 我愿意将从大体老师身上得到的生命光环,延续至后辈手中。在这里只想说:舍身菩萨,谢谢您! 他日我将把这分恩情,传给每一位需要的人。"

洪同学并以一首诗《谢君》来表达最深刻的谢意:"世间无常苍凉意,缘到尽时终需离;长忆人间红尘事,谢君舍身成大义;今朝承君舍大体,他日愿为救世医;尘世善芽处处萌,大情大爱耀大地。"

蔡文钦同学则说:"在参加入殓仪式时,发现棺木上有一滴小小的眼泪，那是家属滴下来的。真的非常感谢他们大舍亲人的遗体，让我们做研究。

犹记得学期初，大体启用仪式那一天，见到大体老师杨爸爸的全家人，他们为了减轻我们心中的恐惧与不安，详细告诉我们杨爸爸生前的事迹及兴趣，好让我们产生亲切感，放心学习。谈话之中得知杨爸爸是位幽默、喜爱冒险、对工作有狂热的人，让我印象最深刻的是他喜欢玩遥控飞机。虽然与杨爸爸家人谈话的时间不长，知道的也不多，但这些点点滴滴让我觉得，杨爸爸就像每天陪我们上课的同学一样亲切。他用自己的身躯带领我们，使我们从对人体不熟悉到融会贯通，我想这一生中，再也找不到这么有耐心和爱心的老师了。"

蔡同学又提到，在启用仪式过后，杨妈妈临别前还留下一张名片，叮咛大家若想知道什么事，或觉得心情烦闷，随时可以打电话给她。这一天受到的关爱，令蔡同学一辈子也忘不了。

"日子在繁忙的功课中消逝，家属的关心却持续不断，在期末考前还收到杨妈妈寄来的礼物，心中倍感窝心。而一想到杨爸爸的付出及杨妈妈精神上的支持，学习过程中的挫折与辛苦也就不觉得有什么了。对于他们的奉献，我能做的就是扮演好学生的角色，好好的学习。"

张睿智同学说，进行第一天课程时，他也见到大体菩萨康爷爷的家属,他们的双眼泛着泪光,但从他们的眼神,他感受到一分关怀与期许。而见到康爷爷时,更感受到一位不相识的长者对学生们的爱,一种无法用笔墨形容的爱!"那天晚上,我梦见康爷爷,在朦胧中仿佛看到他慈祥地对我说:'来吧!孩子!尽量向我动刀吧!'我醒了,脸上挂着泪珠……"

"曾在心中有过挣扎,无法对如亲人般的康爷爷动刀,而在回家时向妈妈哭诉,妈妈安慰我,这些菩萨捐出遗体,就是希望我们学习得更好,所以要鼓起勇气,不要辜负他们的期望。那时我才恍然大悟,如果我现在不努力学习,将来我对不起的不只是康爷爷,还有千千万万被病魔缠身的人。"

只盼成就仁心医

接着由家属代表致词。舍身菩萨康老先生的女儿表示,听了学生们的话,心里好感动,"非常感谢证严上人建立了这么好的慈济世界,让我们大体捐赠者的家属这么放心,尤其'大舍堂'的设立,更是对家属们很大的体贴。当初我父亲认为,遗体捐出去后什么都不需要留,连骨头都愿意做标本,因为一般人对长辈的追思只有三代而已,他觉得没有必要在人间留下什么。可是做晚辈的,总希望有个对长者的凭吊之所,所以大舍堂对我们意义重大。感谢你们,让我们觉得不再悲伤。"

舍身菩萨冯先生的女儿则略微激动的说，去年她来参加大体启用仪式时，有些家属上台分享亲人生前的事迹，她听了之后心想还好没有上台，她不觉得爸爸有什么值得称说之处。"因为天下有很多不是的父母，而我的父母就是其中一对，我们四个小孩是在父母彼此打打闹闹中长大的，成长过程非常辛苦，因此和父母的感情若即若离。后来父亲得了肝癌，最后一次住进医院时，他告诉我：'我这辈子最大的错误，就是对不起你们四个孩子，我从来没有做过一件有用的事。'"

"他往生前几天突然说，要把遗体捐给医学院做解剖，因为他想要做一件有用的事。所以我应该代替爸爸感恩上人、慈济师兄师姊以及医学院学生完成他的心愿。我想我爸爸并不认为自己很伟大，他只是想做一件有用的事，但是他可能希望学生们能因为他捐出身躯，而在医术与医德上有所进步。我一直觉得他这辈子最感到幸福的，是在往生的那一刻，因为他觉得自己有用了。"

学生们的真诚感恩与家属们的至情告白，使在场许多人都红了眼眶。证严上人感恩大体老师们难舍能舍，也感恩家属们成就大爱，尤其听到学生们的挚诚感言时，心里更是感谢校长、教授们，用心教育学生以感恩心来做研究。

"刚才听到孩子们一声声地称呼大体老师为'爷爷'、'爸爸'、'伯伯'或'弟弟',将这些舍身菩萨当成最亲近的人,让人感觉好贴心啊!从他们身上好像已经看到身穿白袍的大医王,在病人身上付出爱心,这是我最大的期待,也是舍身菩萨们的期望。"

"我真的很安慰、很感恩,也虔诚祝福舍身菩萨们,我想他们已经乘愿再来人间。"

让生命延续的大爱

我在，因为你的爱。当剧情已无法延续，

我愿意，接续另一页不曾相识的生命故事。

生，是死的起点；现在是生，但总有一天会死。佛教称死为"往生"，即是舍弃这个地方，而往其他地方投生。

往生之前，若能做一个能救人的人，那就是大爱的菩萨，像是器官捐赠者，虽然自己往生了，却能帮助其他的生命延续下去，这不就是大爱吗？这样带着欢喜无挂碍、利益众生的光耀灵魂，去投生在其他的地方，乘着这样的功德再来人间，一定会是一个福德具足的人。

慈济医院曾有这么两例捐赠器官的个案。这两位遗爱人间的菩萨，一位是慈诚队员的哥哥，他哥哥本来身体就不好，有一天不小心跌倒了，竟然引起并发症而脑死。他的家人慎重考虑后，决定把他的器官统统捐出来，这样的精神真的非常了不起！

不仅全身有用的器官都捐了,连皮肤也捐了。

单是捐赠出来的器官就救了七个人,另外骨骼也可以保存十五年,补充在需要的人身上,有很多人都将因此受益,就连皮肤也可以冰冻保存,需要的时候就能取出来使用。这样,能因此得救的人就更多了。

另外一位是四十二岁的病患,因为中风引起脑溢血,送到医院来时已经很危急了,医生遗憾的判定脑死,虽然如此,医生们还是尽可能的抢救他,只是仍然回天乏术。他的家属在伤心之余,也是非常有智慧的决定做器官捐赠,让他遗爱人间。

他们两人所捐赠的器官,除了大林和花莲慈济医院的病人受益外,也紧急联络其他有符合受赠者的医院进行器官移植,造福了许多人。

到了人生最后的时刻,生命仍然能够延续到许多人的身上,继续发挥功能,这是多么有价值的人生啊!虽然他们的家属,必须要承受生离死别的痛苦,却能够做下如此明理、有智慧的决定,实在令人感佩,有很多人就因为这样的决定,生命得以平顺的延续下来。

在慈济医院是两位洗肾的病患接受捐赠,她们都很年轻。一位是三十岁的妇女,她是慢性肾脏衰竭,要靠洗肾来维持身体的正常运作,这么年轻就要靠洗肾来过日子,再加上两个孩子还很幼小,心里实在是苦不堪言。

另外一位是三十九岁的妇女,因为无法接受需要洗肾的事实,所以之前不断逃避,一直拖到差点要截肢了,才不得不接受这个命运,好在这次也符合受赠的条件,住院接受移植。当她住院的时候,她的孩子每天都抱着妈妈的衣服哭泣,但是,算起来这两位都很有福了,有人愿意捐赠器官,再加上医疗技术的发达,让移植手术进行得非常成功,她们的心里也充满了感恩。

令人很感动的是,大林慈院的移植手术,从晚上十一点多到凌晨三点才结束,负责开刀的尹医师把病人送到病房后,就一直坐在地上,观察病人能否排尿了。开刀开到天亮,一定很疲累了,他却坚持留下来观察病人的情况,家属在旁边都非常非常感动。一直到病人排尿,表示尿道通了,而且手术成功,他才安心的离开病房。

还有我们的护士也是非常可爱,交班回家之后,到了晚上,她还特地打电话给病人,提醒她:"你要起来尿尿喔,要记得尿尿喔!"手术成功后,患者与先生欢喜的抱着尹主任,表达感谢之意。这种医病温情,这种医师与病人之间极为温馨的情感交流,怎么不让人感动!

医院在每个地方,应该都是守护生命的磐石,世间的爱也一定需要团队,但是我们更要懂得感恩:感恩愿意捐赠器官的人与家属;感恩细心照顾的医生与护士;感恩医疗科技的发达;感恩所有的人。人生假如失去感恩的心,这种人生就不美了。

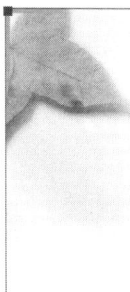

推动良医之手

第一次拿手术刀的心情,心和手都在发料,划下的第一刀歪歪斜斜,但是经过四天的练习,技术熟练了,信心也增加了。

生命不在长与短,能认识生命的价值与目标,而且能发挥智慧为人群而付出,这样的生命才是千古流芳。

有的人虽然生命短暂,却对人类很有贡献,因为他心灵健康,他的身体也能为人群付出。但是有些人自己不自爱,对人群不和气,最后只换来满心的烦恼和埋怨,伤害自己也伤害别人,这样的人生是最最苦难的人生。

人身难得今已得,我们要懂得好好把握这一生与这个身体。二〇〇二年五月底,台湾首创的医学"临床模拟手术教学",于慈济医学系七年级首次开办。这是由舍身菩萨的奉献,以及智慧的家属们来完成,才能让这些准医师们在临床上更上一层楼。

医学院的教育,虽然三年级时就开始上解剖课,在大体老师身上仔细研究人体的结构。但是,毕业之前还是缺乏实际操刀的经验,如此,未来的第一次操刀,肯定是直接操作在病患身上。

所以我常常说,医院是培植良医的种子,医院就是推动良医摇篮的双手。此次,慈济大学与慈济医学中心能这样合作无间,加上大舍菩萨的及时奉献,才能圆满成就这次的"临床模拟手术教学"。

所谓临床模拟手术,每具大体的使用,是由慈济医学中心一般外科、神经外科、骨科、肠胃科、耳鼻喉科等各科主治医师负责指导,让医学生实际操刀,医师随时从旁教授,进行多项如脑部钻孔引流、气管造口、中央静脉导管、胃溃疡手术、子宫切除等模拟手术。

首次的五位大体老师,提供三十几位临床医师、二十四位医学生及旁听者,进行为期四天、八科的临床解剖教学,使这群准医师们大有所获。

其中一位同学分享她的心得,她说当第一刀要划下去的时候,心和手都在发抖,拿刀的姿势也不很准确,医师就立刻从旁指点与加油,让她知道正确的方法,想到医师老师的陪伴及大体菩萨的爱心,真是令人感动又感恩。

感恩舍身菩萨对生命价值观的充分展现,其中有一位四十二岁的蔡女士,她是一位非常好的妈妈,也是非常贤淑的太太。

她支持先生投入慈诚队，本身也已经在幕后做见习，并且早已签下"大体捐赠"。

只是人生无常，过去生中自己写好了这样的剧本，写到哪一段，生命也就扮演到哪里。有一天她一大早起来，正要为家庭、为社会开始一天的付出，但是瞬息之间洗脸盆爆裂，割断了她的颈动脉，就这样往生了。因为她曾经签下大体捐赠，家属们便立即将她送过来，在二十四小时之内完成了她生前的愿望，成为临床模拟手术的第五位老师。

模拟手术教学结束后隔天，随即举行了"感恩追思暨骨灰安奉仪式"，由静思精舍常住众、慈济大学师生与捐赠者家属共同参与。随后，慈济大学蓝校长等人也亲自陪同前往火葬场，对舍身菩萨及家属们表达最虔诚的尊重与感恩。

每一个过程真的都令人感动！我们还是要以感恩心来追思，并用真诚的心为未来的医学、社会、人类而奉献，让所有的病因都能很快得到解答，很快能够对症下药，以解决人生的病苦。

"无常"的现身说法

空难,为我们说明了什么是"无常"?

既然一切人、事、物皆无常,

有缘相聚在一起,又何必互相埋怨、计较?

生者心安,亡者灵安

佛陀在世时,常常教诫弟子要体念无常。有一次在祇园里,佛陀对弟子们说:"大家回答我一个问题:是海水多,还是人累生累世流过的眼泪多?"一位悟道的比丘回答说:"佛陀!海水虽多,也不及人累生累世、长久轮回的悲苦眼泪多啊!在累世中,有亲爱的父母、疼爱的子女、友爱的兄弟姊妹,还有夫妻之间的恩爱,人生为了这些情、这些爱所流的眼泪,真是难以计量!"

的确如此!人与人之间一旦有了感情,生离是苦,死别更是痛不堪言!像大园华航空难事件,瞬息之间,机上乘客还来不及觉察发生什么事,就骤然离世了,两百多条生命在瞬息之间消逝,这就是无常啊!

然而,罹难者家属需要多久的时间,才能抚平这突如其来的生死离别? 对家属而言,悲苦虽是人之常情,但对亡者并无助益,最重要的是要虔诚为他们祝福! 唯有生者心安,亡者才能灵安。

发生空难的时间是晚上八点半,桃园的慈济委员正好聚在一起共修。忽然从媒体得到消息,求证属实后,八十多位委员及慈诚队立即赶到现场,那时还不到九点。接着桃园、苗栗附近的慈济人也陆续赶到,开始展开助念以及安抚家属的工作。天一亮,台北的慈济人也赶到了,陪伴在家属身边协助他们处理一切,另外有几百位慈济人穿梭在失事现场,协助捡拾尸块,看到的都是支离破碎的肢体,散布在前后几公里的地方。

我问慈济人:"看到这种景象怕不怕?"他们回答我:"师父,这个时候只有心痛,已经不知道害怕。"爱的力量有多大? 心中有真诚的爱,就有一股毅力、勇气。对于空难事件,罹难者家属的内心势必有一段漫长的坎坷路要走,需要社会大众的支持与陪伴,这也是慈济人会继续努力的。

总而言之,人生无常,一天的平安就是一天的福;在平安中,我们应该为人群多造福!

事后,华航董事长蒋洪彝先生来访,他很感谢出事后慈济人多方协助,尤其能及时安抚罹难者家属激动的心情,更令他非常感恩。蒋先生为亡者及家属深感悲痛,也心疼同仁们饱受社会压力,故愿意挺身而出承担一切,希望同仁们受到的伤害能减到最低。蒋先生始终平和地说着话,但难掩内心的难过之情,他问道:"是否自己罪孽深重,才会发生如此重大的不幸?"

其实此事无关个人罪业如何,最重要的是,必须公司上下都要一起维护一个"和"字,如中国人常说的"家和万事兴",上下和气,诸事才能兴旺——主管要以宽大的爱心来关怀部属,部属们也要尽心尽力的分工合作,这种爱与感恩正是事业成功的重要关键。集合众人点点滴滴的爱与善,就会带来福气,有了福自然就能趋吉避凶。

至于生死,所谓"人之大患,在吾有身",有身体存在才会有痛苦,以此事件来说,事实上最苦的是家属,至于往生者,已飘飘然解脱了,一点也不感到痛苦。人在有生之年,要好好保护自己,这是本分事,也是孝道的表现;若世缘已尽,就是进入长眠等待新生,一如每天晚上睡觉,小死一番之后就是新的一天,实在没有什么。人生本来就是生生死死、去去来来,没有什么可怕的。

人生无常,转瞬之间竟是天人永隔!然而,对往生者来说,虽然身体支离破碎了,但这只是物质的损坏,其灵魂已经解脱,毫无痛苦。最悲痛的是家属,所以必定要使家属平静安宁下来,亡灵才能安心离去,随缘再来人间,此即生死两相安。

四大回归大地

华航空难事件,令当事人伤心垂泪,也令听闻者感到深刻哀痛。有一位慈济委员的媳妇,正轮值在失事飞机上服务,罹难后,留下新婚不久的先生。年轻人由母亲、岳父母及妻子的同事陪伴前来,神情甚是落寞,他的岳母则提到,女儿身躯至今找不全,听人说若亡者尸体不完整,其魂魄就会到处徘徊、游荡,无处可归。

我对年轻人说:"若你一直想念太太而痛苦不堪,如此能使她回来的话,大家都会帮你;但生死这条路无人能帮忙,必须你自己坚强站起来。"年轻人虽点点头,但哭得更厉害,抽泣不已!"看看爸妈、岳父母,他们年纪都老了,我也很心疼你终日愁眉不展,但是你应该要勇敢负起人子、人婿之责,不要让他们再为你操心。人生无常的道理,过去也许你无法深刻体会,现在既然已能了知这个道理,就要赶紧化小爱为大爱,多选择有意义的事来做。"

他岳母的思想仍然停留在民间迷信中,一直问我在女儿尸身不完整的地方,是否要做些假的东西来补全? 是否要叫唤女

儿的灵魂回来,以免她不安的四处徘徊?

我就告诉她:"所谓'灵',就是'灵觉'的意思。人还拥有躯体时,就有很多的障碍;而已脱体的灵魂,既是灵觉,则不管身躯损坏情形如何,灵魂都是完整的,并且没有任何东西可以破坏它。女儿如此得人疼爱,可见在世时一定很善良,既然她有善心,就会乘着好因缘舍此投彼,这个缘其实由不得她徘徊流浪在此。你们不要再胡乱的到处东问西问,如此只会使你们的心更乱。要安下心来,专心于佛号,为她祝福。你们心安,她灵安,才能求得生死两相安。"

亦在华航服务的女同事则说:"最近听到一些传言,有旅客表示之前曾搭乘同一架飞机,耳边听闻有人问他们是否需要什么等等,但机上服务人员并无此举动……"

这样的传说就是怪力乱神、是迷信,千万不可听信这类的传闻,听多了心会乱。所谓"谣言止于智者",像这种无凭无据的事,不要去相信它,我们所应追求的是真有的道理、能安稳人心的事。

化为千手千眼观音

华航空难发生时,桃园当地近百位慈济人立即赶赴现场协助。我担心大家在接触那样惨不忍睹的境界后,内心是否受到影响、存有阴影？所以在行脚南下途中,到了桃园支会,除了致上感动与感恩之意,也听听大家的心得报告。

有人起来说:"说不害怕是骗人的,但事后心情慢慢回复,仍然照吃、照睡,心理与生活完全正常。"我听了就比较安心,这就是智慧啊！大家能做到心无挂碍,所以无有恐怖,远离了颠倒妄想。

从大家的报告中,当日的情景历历在目。一位说:"我手拿摄影机进入灾区,感到脚下踩到软软的东西,低头一看,竟然是亡者的手！我心里实在也感到害怕,就不断的念佛。后来,又踩到一尾大鱼,我吓得整个人跳起来,差点将摄影机丢掉了。"

"我是首批去现场为亡者助念的,因为排在最前面,眼前就是一具具盖着白布的遗体。有时一阵风吹来掀开了白布,露出的遗体令我痛心,也感到很害怕——有的亡者肠子流出来,有的只有一只手,有的是半边身体焦烂……当时我想,我是抱着大爱而来,必定要心无挂碍,一心为往生者虔诚祝福才行。这样一想,就突破了恐惧的心态,继续专心念佛。"

"当我们步入现场,被家属们看到了,他们都说,看慈济人来他们就放心了。而负责捡拾尸块的消防队员及阿兵哥们,则是愈捡愈害怕,我们前去助念,他们表示非常欢迎,还一直要我们增加人力。"

"看到现场悲惨的情形,我的内心感到很痛苦。遗体发出的浓浓焦味与腥味,令人作呕,但我仍支撑着念佛两小时。回到家里,只是喝开水就很想吐,脑海里挥不去现场的景象,一直觉得很痛心。后来自己静静的想,开始感恩有缘进入慈济,才有机会深切体会无常;也感恩往生者,示现这样的景象来警惕人世无常。就这样不断的生起感恩心,我才慢慢恢复正常,不再陷在痛苦的伤心中。"

"在过境旅馆安抚家属,他们有的从台南来,也有的从高雄来。看到从远地赶来认尸的家属们徬徨无助、哀恸莫名的神色,我看了也很难过。当他们哭泣时,我忍不住跪下来,牵着他们的手,告诉他们:此时最重要的是以虔诚的心祝福往生者。我之所以能视这些家属为自己的亲人,如此真情流露、自在地做安抚的工作,是因为加入慈济才能做到,所以,我非常感恩。"

"我看到有一个人全身只剩半截,头已经压扁了,而照相机还背在身上。人生实在太无常了,此时的我,才能深切体会佛陀的教法。"

听到大家的描述,虽然心疼也很欣慰。慈济人啊!参与这次救难工作,相信日后在菩萨道上,必然更能真切体会佛陀关于无常的教法,而非只是口说无常但无法透彻了解。另外,也能自我考验修行功力如何,不论面对任何境界,总是心无挂碍、无有恐怖,常保寂静的状态,这是学佛者追求的心灵境界。虽说心不随境转,但付出行动时,要有悲悯及尊重的爱心,就如在捡拾尸块时,若能每捡一块就念一声佛,这即是尊重;而动作小心翼翼,毫无草率,这就是悲悯。

四念处

佛陀设教,期待人人以"四念处"——观身不净、观受是苦、观心无常、观法无我来安住自心。期待所有投入此次救灾的人,能对此四念处有更深的领悟。

"观身不净":人与人之间的计较、斗争,常常是为了满足凡夫身躯的享受。到底这个身躯有什么值得可爱与执着? 看看罹难者,无论生前有多少学问、地位、财富,一旦无常来临,大家一律平等,身体皆支离破碎,变成一堆血肉模糊的不净之物。

"观受是苦":死者已矣,但对家属而言,那种生离死别的痛苦,真是情何以堪! 尤其想及亲人那些分散的躯体,这幕残酷的记忆要多久时间才能消除? 这分肝肠寸断的悲情是多么痛苦!

"观心无常":凡人皆把握不住自己的心,永远贪求无尽。为满足各种享受的欲念,无止尽地耗用自然资源,来制造琳琅满目却不一定必要的物品,看似便利的背后,却也造成种种灾难。

"观法无我":人之身躯是四大(地、水、火、风)假合,人生成

长的过程从幼年、少年、中年到老年,形貌都不相同。到底哪个年岁的我才是真正的"我"?而以身躯部位来说,手是我吗?或者脚才是我吗?其实,"我"只是个代名词而已,世间哪里存在一个"我"呢!看看飞机失事后,罹难者身躯血肉模糊,怎么能去确认哪一个是"我"呢!

若能透彻明了"四念处"的意义,就不会再执著什么是"我"或什么是"我的",因而动不动与人百般计较。能够不执著自我观念,并且常念无常,就能看开一切,得到真正的轻安、自在。

缘起缘灭

十多年前,那时台湾也曾发生另一起空难事件,有一位老菩萨的孩子不幸罹难了。后来我们的委员带她来见我,我就和她谈了佛教中的因缘观,她慢慢了解以后,便借着做慈济、付出自我,慢慢的走出沉痛的深渊,直到现在依然勇健的行步于菩萨道上。

当初我劝她:"能成为母子必定是双方有缘,而孩子应该是为报恩而来,因为孩子给予你很大的欢喜与满足,你认为孩子什么都好,这就是孩子心怀感恩,所以要来报答母亲。但是,报恩也有圆满的一天,当圆缘之时,孩子世缘已尽,就必须舍此投彼,往赴另一段人生。事实上,不论是做父母的或做子女的先走一步,彼此今生之缘既然已经终了,就再也不是母子的关系了。"所以,我们应看透缘聚、缘散的道理,我们与众生都是多生以来的眷属,不要将爱局限住,应当化小爱为大爱,视普天之下的孩子都是我们的孩子,都是我们应当关心爱护的人,这样我们的爱就能扩大。

念佛与护生

一称南无佛,皆共成佛道。

佛陀常说:"众生皆具平等慧性。"只因被一念无明所蒙蔽,使得人与人之间智慧参差不齐。有的人确实具足智慧,一闻真理即终身奉持,这是闻法实践的智慧;有的人听闻了真理,虽然也觉得很有道理,并生起欢喜心,但却不能继续应用,只限于文字知识的探讨,遂成"世智辩聪",这种人总是无法永久奉持真理。

聪明与智慧的差别,只在于能否恒久奉持真理。比如,佛教徒都知道念佛很好,平时多念佛是为降伏心中的烦恼;专心持念佛号可以去除无明杂念。因此,平时不管在动静之间都可以多念佛,不只在寺院时勤于念佛,在家里也一样念得很好,就能降伏许多无谓的杂念与烦恼。

曾见过某人的眷属往生,往生时助念佛号,确实对亡者与生者都有帮助。常去为人助念的人,应该都亲眼见过往生者因为大家的助念,面容变得很安详,这就足以证明念佛的益处。但是,为什么助念佛号会使亡者身体变得柔软,有的人脸色也变得红润如生? 这是因为沉稳的佛号声与助念者的祝福,使得往生者与家属们都能得到安定的力量,从而显现在往生者遗体的变化上。

我曾听一位女居士分享她的经验。在她婆婆往生时,因莲友们的助念,结果亡者原本暗黑的脸色,竟然转为红润、庄严,家人和亲友们看了都非常感动,从此,她就常对同道者谈起此事。后来,同道朋友的长辈往生,她也很热心去帮忙,甚至把"过来人"的经验告诉他们,又劝道:"你们要赶快助念佛号,几年前我婆婆往生时,就是靠大家的助念,使她安详如生,现在你爸爸正处于临终之时,你也要赶快念佛。"

同道朋友听了她的话也赶紧助念如仪。亡者的另一个儿子从远地回来奔丧,心里非常激动,但他也知道不能大声哭泣、打扰亡者,但心里又非常激动。这位居士就劝他:"看你心里这么激动,你不如靠近父亲身旁、悄悄的把你心里想说的话全部向你爸爸说。"这位儿子听了真的走到父亲身边,对着父亲的耳边说:"爸爸! 您放心,您想做的事,我都会为您达成……"讲了十几分钟,心情才完全平静。而亡者也似乎能听到儿子的话,脸上露出安详的笑容,其他亲眷们看了这一幕都觉得不可思议,也非常欣慰。

这位居士又告诉朋友说:"最好在七七四十九天里,大家为亡者吃素,当初我也是这样。"同道朋友愿意听从她的建议,但是想到要吃素四十九天,其他家人就开始烦恼,深怕难以度日。

我就问这位过来人:"当初你婆婆往生时,大家助念后看到你婆婆的种种瑞相,所以深受感动,自愿素食四十九天,那时,大家吃素是不是吃得很痛苦呢?"她回答说:"是啊! 到后来营养不足,连走路都走不稳,好痛苦啊!"我想这可能是吃得不习惯,营养又调配得不均衡才会如此,否则吃素并不会有营养不足的问题。

在亲人往生四十九天之内能够持素,这是表示对亡者的孝思,所以戒杀持素。但是有些人吃素却吃得很痛苦,这是因为他们还没有深刻体会到生命的尊严。在亲人往生时,虽能虔敬隆重的念佛持素,报恩之心实为可贵,但过了四十九天之后仍然重开杀戒,不知又有多少生命要在餐桌上、在"鼻下横"中牺牲。

我们鼻下这个小洞口,一辈子不知道要吞噬掉多少生命?餐桌上的一条鱼是一条生命;一盘虾、一盘蛤不知道又是多少生命;再加上鸡、鸭……加起来真是不计其数。这些生物的"尸体"

遍布于餐桌上,而人的肚子就像"坟墓冢埔",这些尸体都一一被送进去。

这是多么恐怖的一件事,但是很多人根本无法体会这层道理。

学佛就是帮助我们认清真理,然后得一善而拳拳服膺——知道生命危脆,一口气不来生命就消失了。所以在尊重人命之外,更应该尊重一切众生的生命,戒杀护生,这才是真正回报父母恩。

希望，来自人类互助

落地皆兄弟，何必骨肉亲。这种生命共同体，总是在灾难发生时，才看出人类的真情。在这次大灾难中，真正见到人间互助互爱，不分种族、不分肤色、不分宗教，大家共同一个目标，那就是付出同体大悲的爱心。

惊闻灾变·心空的感觉

"人生无常，国土危脆"，一九九九年九月二十一日凌晨一点四十七分，这场规模七点三级的大地震，震碎了许多人的家园，也使得许多美满的家庭，在短短几十秒间天伦梦断。

自灾情发生以来，心情一直都很沉痛，也一直挂念着灾区。每天看着电视画面，只能用一句话来形容——哀痛逾恒。心情，不知道要如何形容，就好像回到四十多年前，我父亲往生时的情境一样，真是欲哭无泪！

失去亲人的哀恸，无家可归的茫然，每思及此，内心就像灾区的道路一般肝肠寸断。还好有慈济委员及慈诚队，以及各方善心人士，大家共同伸出爱心的双手，化为千手千眼观世音菩萨，合力为灾民们尽一分力量，抚慰他们的伤痛，并与他们并肩携手重建家园。

同舟共济·维护生命共同体

此时此刻，我们更能体会整个"地球村"的人类社会与生存的土地，是一个息息相关的"生命共同体"。大地如母亲，承载万物、滋养群生，使万物的生命生生不息，百年千年，她默然忍受、接受人类无穷尽的破坏，现在已经受伤、疲累并且生了重病。"青山流了泪"，植被崩落、土石奔流，整座山就如被眼泪洗刷过，翠绿的颜色变成一片光秃秃。大地受到摧折，即使有心再来庇护万物，但已力不从心。

所以，我们怎能去埋怨地震？应该回头来反省自己，为何要去破坏、伤害大地呢？我们不必怨天尤人，要记得用爱来爱抚大地、关怀大地，让大地有养息的机会，以恢复其生机。

大地要以爱疗伤，人类社会又何尝不是如此？灾难发生后，国人纷纷慷慨解囊，提供灾区各类所需物资，高速公路上因此出现大塞车的现象；而国际人道、医疗等救援团体也迅速赶到，协

助救灾事宜。以前,当别的地方有灾难时,我们去投入救灾,想尽办法要解决他们的困难,现在我们也受到其他国家人道团体的关心及照顾,所以我常说,同样在地球上"落地皆兄弟,何必骨肉亲"。

这种生命共同体,总是在灾难发生时,最能看出人类的真情。同样在九二一前不久才遭地震重创的土耳其,也派了搜救人员来台,当他们受难时,慈济人不到四十小时就已经到达土耳其,在当地发挥最及时的支援,现在虽然他们自己有难,但也想要回馈台湾。另外,法国、日本、韩国、德国等救难队伍,都是从土耳其回国不到两星期,就又赶到台湾来救灾!

人性的互爱是最美的,只有人类互爱才能消除仇恨,人生最丑陋的是私爱与仇恨;最美的就是大爱与温情。在这次大灾难中,真正见到人类的真情,不分种族、不分肤色、不分宗教,大家共同一个目标,那就是付出同体大悲的爱心。

我们在救难现场中,看到海内外的救难团队,他们不顾自己的安危,在废墟里寻找任何一丝生命迹象,实在非常感人。我也很期待台湾在这次大灾难之后,要有一个共同的认识——"以团队的力量来发挥救难的动员力"。

究竟为何会有此次的地震?根据佛经上的推衍,我们现在所处的正是山河大地变动不断的时期,大三灾与小三灾(注一)

时时可能威胁大地万物的性命。小三灾是破坏有情世间,对人类造成重大伤亡;大三灾则是破坏无情的器世间,火灾、水灾、风灾轮番破坏整个山河大地,当然生活在大地上的一切生命,都是危殆不安。

小三灾之一是刀兵劫难,也就是战争。二十世纪中有第一次和第二次世界大战,未来是否还会发生?没有人知道,但却可能一触即发。除了国与国、种族与种族的相争之外,现今人与人之间往往动不动就出手伤人,甚而连至亲的人也会互相杀害,这都是因为人心道德的败坏,人伦礼义丧失后,社会家庭也就"父不父、子不子"了。

之二是饥馑灾,饥馑就是没东西吃。看看普天下有多少人陷在饥饿的环境中?像我们供应朝鲜肥料,预计应该会有丰收的成果,没想到雨季时,大水一来又淹没了许多良田,当地人民原本就已经是朝不保夕了,现在更是苦不堪言!

第三是瘟疫,瘟疫就是传染病。一九九四年我们到卢旺达救灾,他们的灾难始于种族相争的人祸,然后是难民潮中卫生不良而发生传染病,由于死亡人数太多,最后人死了不是一一抬去埋葬,而是用推土机大量埋入坑中。

这就是减劫时期的小三灾,真正剧烈的时候就不再是区域性的,极可能是全球大规模的灾难。大家或许会问:为什么会

有这样的灾难？其实,这都是人心造成的。人类为求生活舒适,不断发明高科技产品,但是私心、贪欲的作祟,往往使高科技沦为仇恨与毁灭的工具,威力无比的核子弹只要轻轻按个钮,地球也许便从此消失在宇宙间。

大爱无国界·恒常的爱心存款

扪心自问,没有人会愿意见到这种毁灭的结局。人类之间的争战或许是难解的习题,天地间成、住、坏、空(注二)的轮回,也或许是人力难以抗拒的,但是善业汇聚的"大爱"能量,可以抚平人心的伤痛,重新振作精神,使受伤的大地再度回复生机,更拉近人与人之间爱的距离。

在为土耳其震灾募款的现场,曾有人指着慈济委员的脸说:"土耳其在哪里？灾难在哪里？为什么台湾不救,要救土耳其？"听到这种话,我的内心一颤,想不通他为什么有这种想法？其实被救是不得已、是很悲痛的！所以我常说:不要发不好的愿,要发愿做个能救人的人。

还好,有爱心的人仍然很多。有一次,委员在街头募款时,听到背后有个声音:"等等我！不要走那么快,我要捐钱！"委员回头一看,原来是一位在地上爬行的残障朋友,所以一直追着委员的脚步,但是,他的爱心一点都不落人后。佛陀告诉我们"众生共业"，若人人恶念汇聚，灾难就会临头；若人人发出善念，则能消灾祈福。

希望大家痛定思痛，都能由九二一地震中震出心中久埋的善根慈心，更要保持恒常的发心，将点点清水滴入爱心功德海，便能使得人人心中的清流永不干涸。

觉悟的时刻·从地涌出的菩萨

灾区的复原工作刻不容缓，在第一阶段的救急之后，再来就是受灾同胞们"身心的安顿"。慈济人于灾后全台总动员，投入灾区从事医疗救援、消毒防疫、发放物资、烹煮热食以抚慰人心的工作。接着在公家机关支持下，开始加紧建筑"人性化空间"的简易屋，祈使露宿街头的手足同胞们，能很快有个遮风蔽雨的窝。

"平安就是福"，很多慈济人在自己平安后，顾不得自家倾倒的房屋，马上投入助人的行列，在此也起了带动的力量，人多、爱大，福气才会大，大爱屋要靠大家共同来建设。这次大地震动，就是地大不调，山川都在瞬息间发生变化，在佛教的说法，大地是大乾坤，人是小乾坤，两者有互通的道理。

当人感到全身热气太大，就会想喝水；蛋白质不够，即令全身水肿，这都是人体中之水大不调。大地也有水大不调的时候。

现在慈济盖简易屋,规划时就主张尽量不铺设水泥,目的是使大地有呼吸的空间,若到处铺上水泥,地热便没有散发的空间,同时也失去渗水的功能,就如人的皮肤被套上一层塑胶,体内的热气不能散发,人就会生病。

如今山地林木砍伐严重,雨水来时,没有树林可以将水分保存在土里,既失去储水的功能,也失去保护土壤的作用,难怪大雨一来,就造成土石流,而长期不下雨,也会引起干旱。为避免地大不调形成灾害,大家就要爱惜土地,要"大爱地球",用爱来维系一个有呼吸的地球,这样大乾坤才能恢复生机。爱家爱乡爱土地,当我们一一修补好每个受伤的家园,大地的母亲也能暂时拭干她的泪痕。

希望,来自于人类的互助,"看不到的东西,才叫做无量",也许每个人能支援灾区的人力、财力有限,但是诚心的祝福和愿力则是无量无边,只要及时伸出温暖的手,失去依靠的乡亲们就能暂时有个栖息的港湾。

《法华经 从地涌出品》提及,大地众生需要时,就会有一群从地涌出的菩萨,救拔众生的苦难。在这次地震灾害中,所有协助灾区的人员,他们的精神、毅力及爱心,真正堪称为菩萨从地涌出,勇于承担这分爱顾众生的使命。

人同生于地球,呼吸宇宙间的空气,大家可说是生命共同体,何必要分你、我？如今真正是要"脱胎换骨"的时刻,要"大彻大悟",不要再有小我之间的纠缠不清。大爱,就是无条件地付出,我们要用大爱的心来抚平彼此的不和,用祥和的气来爱护受伤的大地。祥和之气就如人所需要的氧气,希望让大地充满了爱,使得创伤能因此抚平。

面对亟待重整的家园,大家要守持"戒定慧",此时能守团体纪律就是"戒",大灾难来临就要有分"定"力,不要被周遭环境影响而乱了方寸,更要有"留得青山在,不怕没柴烧"的超然智"慧",以开阔的心态去面对现实。

此时此刻,大家要庆幸人仍平安,要善解自己遭逢这百年大劫,祈使自己能借此大大地体会,才能够大觉悟人生无常以及人生的价值何在。昨日是一场噩梦,今日已经清醒,要借这个梦来警惕自己,不要执著在昨日的梦境中,大家可说是历劫余生,如今再忆从前,好似一场噩梦。一场灾难说不定是人生的转机,但愿大家由此警惕,去除凡夫心,增长清净的慧命,如此就是真正的"脱胎换骨"！

这次的地震,应该是给自己很大的学习机会,并且不只是"学习"而是"觉悟"。"学"字下有个"子"字,意指心智幼稚、懵懂,所以才要学习,若将不成熟的心态去除,能够与真理会合,这就是"见"到真理,也就是觉悟了。学而不觉,太可惜;所以,希望

大家经由这次灾变,真实的有所觉悟。

　　觉悟出生命的深刻意义,觉悟出今是而昨非,立愿革除一切不好的习惯,发心普爱天下的众生。要相信"无常"就在我们身边,一点都不远,付出要及时,我们要"把握当下,恒持刹那",发挥一己之良能。

注一:大三灾——坏劫分为二十期,于最后一劫世界即开始坏灭而引起
　　　天灾,即火灾、水灾、风灾。小三灾——住劫分为二十期,有情之寿
　　　命在八万岁至十岁间反复增减约二十回,每至人寿减至十岁以下,
　　　则发生一灾厄,共有刀兵灾、疾疫灾、饥馑灾三种。

注二:成、住、坏、空:即成劫、住劫、坏劫、空劫等四劫。于佛教之宇宙观
　　　中,一个世界之成立、持续、破坏,又转变为另一世界之成立、持续、
　　　破坏,其过程可分为成、住、坏、空四时期,称为四劫。

为大地"肤肤"

爱为网、为胶、为藕根、为乱草、为絮，

从此世至他世，从他世至此世，

往来流转，无不转时。

二〇〇一年七月三十日，桃芝台风登陆台湾，一夜风雨，造成多少家破人亡！

这次桃芝台风带来的灾害，实在不下于"九二一"大地震，而且两者之间实有很大的关联。九二一地震后，山地土质松动，而在复建的过程中，每每违反自然、强使水路改道，加上漫山遍野种植槟榔树等浅根植物，致令水土保持更形恶劣。大自然的法则遭人为严重破坏，哪能不发生灾难！

人与天争的结果，短视近"利"的背后就是"害"。所以，不要常常说"人定胜天"，人唯有与自然和谐相处，才能永保平安。

大自然的法则被人类破坏,导致天灾频仍,根本解决之道,就是要针对人心来教育。人人与生俱有善良、纯真本性,这分无污染的清净之爱,就是身而为人的自然法则,但人往往在后天环境的影响下,掉入欲念的陷阱中,沾满厚重的污垢,变得贪婪自私、自作聪明,脱离自然的秩序。"教育人心"的目的,就是要导引人人安分守己,回归清净自然的本性。

桃芝带来的一阵激雨急风重创台湾,东部与中部灾区满目疮痍的景象,在人们心上烙下深深的悲凄。这么多的灾难,使得我们的心异常沉重,看看我们生活的环境,人心病了,社会病了,地球也病了……天灾总是出于人祸,所以我们要减少灾难,根本之道就是要"净化人心"啊!

走入伤痛大地

八月一日下午,心里牵挂着灾民,于是驱车来到花莲重灾区探视。

车行在笔直的公路上,不论是远望或近观,都能感受到灾变当天的可怖情形。原本蓊郁的林木被土石冲刷流失,在山的表层留下一条条土黄色的痕迹。部分火车铁轨断裂,桥梁也截成两半,桥下水流湍急,水中混杂的泥沙呈现骇人的暗灰色。路两旁有些住家正奋力清扫屋内外的泥土,民房以外的果园,香蕉或槟榔等皆折断倾斜。

车子转入光复乡大兴村，长桥下泥沙遍覆，柚子掉落满地。此次大兴村土石流成灾，掩埋了十多户民宅，约两百位灾民暂时被安置在大兴国小活动中心与教室内。许多救灾单位与慈善机构都在此驻站救护灾民，慈济也设了服务站，提供餐饮及医疗。

一下车，一位阿伯就对我们喃喃地说着："房子没有了……"我赶紧安慰他："我们也很心疼，但此时千万要顾好身体啊！"

教室外的走廊到处是人，志工们忙着填写灾情评估表及应急金发放名册。我进教室看大家，有位阿伯哭着说："家中十四人只剩四人，十人失踪了，现在只找到四具尸体……"唉！这样的痛苦遭遇，怎不令人心酸呢！虽然要他不难过是不可能的，却也只能安慰他好好保重身体，来面对这一切。

"大嫂、侄女被水流走了……""妈妈、姊姊去世了……""已经第三天了还找不到公公尸体……"这样的诉说一一传来，我告诉他们："事情已发生，现在要先把心静下来，把身体照顾好，才能重建家园。"

一位衣服湿透的年轻小姐走进教室来，她说刚从受灾现场回来，亲人的尸体都还没有挖到。志工紧握着她的手给她温暖，我也跟她说："一切要尽人事，就算挖到了也是要再埋入土里，不如就虔诚祝福家人灵安，凡事顺于自然就好，不要过于执著，先

去换上干衣服要紧。"

一位中年男士坐在草席上,我问他家中可好?他说:"我没有家人,就只有我一人。""喔!那你平安,就是全家平安啦!""是啊!"人的际遇总也不相同。将要转身出来时,看到一位妈妈抱着一个小婴孩,眨着天真无邪的明亮双眼,还是孩子最不知道害怕。

花莲、关山、玉里慈济医院均已派驻医护人员在此,民众多数是感冒一类的病症;而香积组的志工们,正卖力的炒菜或清洗饭碗;营建处同仁则紧急搭设十套临时卫浴设施,并接引水电提供热水。

灾民多,救难人员也多,我们将要离开时,在走廊上看到不少阿兵哥,头戴斗笠,脚上穿着长筒胶鞋,我们的师姊正端着仙草来给他们。一路上又有许多消防局、义消人员以及其他慈善机构的爱心人士,在此进进出出帮忙,台湾人的爱心毕竟还是很浓厚。

死别已吞声,生别长恻恻

听说凤林荣民医院设有罹难者灵堂,我们的志工也正在该处为亡者助念并关怀家属,所以我们接着又到了那里。

来到灵堂,许多家属在上香、烧纸钱。一位妇人悲恸不已地哭诉:"房子没有了,爸爸、弟弟、弟媳、侄女都往生了……"另一位从台北赶回来奔丧的年轻女孩,也在亲人灵前失神的烧着纸钱……看了心好痛,还是要安慰她们节哀顺变,务必要坚强起来,并用虔诚的心祝福往生的亲人。

看到我们的师姊们时而拉紧家属们的手,时而拍拍他们的肩膀,不断的劝慰他们,真的感恩志工们这种无缘大慈、同体大悲的爱。这时,突然有一位妇人跑过来跪倒在地,咿咿哑哑的比手划脚,听一旁的志工说她是聋哑人士,她的大姊一家六口都往生了,如今却只找到三具遗体。

我劝她安下心来,很多人都会来帮忙。说着说着,她就拿出姊姊家人生前的相片册,又指着自己手上的玉环,意思是说,这只玉环是姊姊的随身之物,就是靠这只玉环,她才从血肉模糊的往生者中,辨认出大姊的遗体啊!

唉!"死别已吞声,生别长恻恻",一幕幕生离死别的场景,教人看了真是慨叹浮生无常,如梦如幻不可把握。

回程路上转道往山上去。凤林镇凤义里水源地,原本是景观甚美的郊游野餐区,而今变成一片溪埔地,乱石满目,再也想象不出原来秀丽的样貌。听说对岸一户人家七口中只存一人,还有三具尸体尚未寻获,五辆怪手正攀在石堆上挖掘着。除了这户人家外,此地尚有十来户,大抵人皆平安,只是屋子被土石埋了。当地委员们已发放慰问金,并发动社区志工炊煮热食予灾民及救难人员。

临上车挥别此地，回身望远，触目所及真真令人慨叹，整座山种的都是槟榔树哪……人的造作如此，老天与灾民又何辜呢？

万荣乡见晴村也是重灾区，我们来到活动中心与村长会面。事发当天，缘于居民疏散快速，幸好大家都平安，村长并有心为村人谋求临时居所，希望慈济能协助他们建设简易屋，让他们有两年的缓冲期做迁村打算。

很感恩同样受灾的颜善吉先生，发心提供一块土地给十二户房屋流失的村民建屋。我们去看了这块土地，土地大致平整，是理想的建筑用地，这样一来，可望在近日即可兴建，为灾民们建立一个安身立命之处。

六时许，回程途中，雨又绵绵密密下了起来……"天地风雨急，人间温情深"，虽然天灾使人痛心，然而众多的同胞发挥爱心，亦教人深深感动。但愿生死皆心安！

惊世的灾难・警世的觉悟

一颗心可以是佛,也可以是魔,魔关过不去,
就会造成大灾难;转一个念头,生一念爱心,
就可以天下太平,这就是佛性。

提到美国,我们的脑海中,很快就会闪出九一一的惊世大灾难。

人世间的无常,在刹那之间,一个念头有的时候过不了,就会带来非常巨大的伤害:伤害了自己,伤害了整个社会,也伤害了整个国家,甚至伤害了整个世界,这种心魔非常可怕。一颗心可以是佛,也可以是魔,魔关过不去,就会造成大灾难,假如能过得去,转一个念头,生一念爱心,就可以天下太平,人间无灾难,这就是佛性。

相信大家都记得,二〇〇一年九月十一日,一场浩劫瞬间就发生在美国金融中心世贸大楼。那天早上八点多时,大家还是跟平常一样,纷纷准备开始一天的工作,但是谁能料到,灾难就

在瞬间发生。四架飞机载着被挟持的乘客,撞毁了世贸大楼及其他大楼,多少人无辜的在这场浩劫里牺牲?多少家庭天人永隔?那种心灵的煎熬,多苦啊!

天人永隔·心灵的熬煎

这一次消防人员也损失了很多人,根据媒体所报导,有一批精锐、训练有素的消防人员及警察,最少有三百人在这里牺牲。据说有一个人往下逃到第四十层时,却看见一大群的消防人员正往上冲,一般人都急着逃生,消防人员还有警察们却往最危险的地方冲,为的就是要呼吁大家赶快离开,为的就是要紧急抢救。这些不顾自己的安危,一心想要救人的英雄,也都随之丧生了。

美国的慈济人,一听到消息,随即展开协助,有的迅速投入现场救护,有的守护在岗位上。像西雅图飞机停飞了,有十名台湾留学生无法返回学校,停留在西雅图,慈济人就在这个时候发挥安顿的功能,照顾这些孩子们。虽然他们不是在纽约,但即使是在西雅图这么遥远的地方,他们同样也发挥了安顿照顾的功能。

纽约在事件发生后,一直都是戒备森严,很多地方都封锁着,一般人不能随便进入。但是他们在几天后,就发给慈济一张许可证,允许慈济的团体可以自由进入灾区救援。其实在灾难发生时,我们就已跟着红十字会,或是救世军一同进入灾区,这两个团体都有慈济人跟着他们一起进去,提供饮食。

慈济人在灾区里做什么事情呢?和台湾九二一大地震一样,先帮忙准备食物,去照顾那些救人的英雄。虽然我们无法进入现场去救人,不过慈济人可以去照顾抢救人的这些人,因为那里很热,整个大楼都是钢铁铸造的,铁一碰上两千多度的热就融化,所以整个大楼都倒下了,再加上灰尘很厚,热气温度又高,救人的人实在很辛苦。

另外,在灾区里,慈济人也发挥了肤慰人心的功能。

他们陪伴、肤慰人间

有一位先生从中美洲来,他们的家庭本来就很贫困,但这对父母很有志气,千里迢迢的带着一对子女来美国发展。夫妻两人辛苦的打工赚钱来培养孩子,他的儿子就读伯克利大学,而且再两个月就要毕业了,一间大公司选上了这个优秀的孩子,在他还没有毕业前,就聘请他到公司上班。孩子非常高兴,对父母说:"你们现在可以轻松了,我还没毕业就已经有一份很好的工作,爸爸、妈妈,你们可以享受了。"

哪里知道,几天之后就发生这样的大灾难。母亲和妹妹心都乱了,现在在医院接受心理治疗。父亲洗了两大张儿子的照片,一张挂在胸前,一张挂在背后,因为他不会说英语,不知该如何找他的儿子,于是就背着这两张照片,在那里走来走去。

慈济人也看到了这位先生,但不知道他所背的照片是什么人,就主动上前去问他,因为语言不通,身旁一位女士代他回答:"他是我的哥哥。"然后她就告诉慈济人哥哥的故事,为了陪伴哥哥,她特地从加拿大赶过来。

还有位韩国妇女,离乡背井嫁到美国来,她的先生也在这一场灾难之中往生了。这位妇女还有两个幼小的女儿,她无助而孤单的站在墙壁的角落,低着头垂泪。慈济人看到了,很自动的以肢体语言拥抱着她,肤慰着她,这位年轻的妇女,才在失神中回复过来,把慈济人的肩膀当成心灵的依靠,趴在肩上痛哭失声。

这位年轻的妇女一定很惶恐,在美国无亲无故,孤单带着两个幼小的女儿,接下来的路要怎么走? 不过,我想慈济人已经跟她约好了,要陪着她走过这段阴郁的路,直到她的心灵打开,对人生的希望现前为止,这就是肤慰、陪伴。慈济人在每一个角落都是这样做,尤其这一次,纽约、新泽西、长岛三个地方合在一起,以合心、和气、互爱、协力,一起守在纽约去付出、肤慰。

慈济人在那边,除了要肤慰许多受灾难的家庭,也在那边肤慰人心,因此受到美国人的感动与尊重。在九月二十二日,美国有几个团体出来呼吁、劝募,他们邀请慈济人一同参与,他们说,慈济不只是捐钱,而且亲自走入灾区,去做精神的安慰,所以他们敬重慈济。甚至蒙罗维亚市的市长,还有警察局局长,当地的首长等,同时召开记者会,他们也邀请了慈济。他们非常感恩慈济的付出,也认为美国的慈济总会设立在他们所属的南加州,让他们感到很光荣。

这让我想起汐止有位美国修女,她也经常跟慈济人一起投入为照顾户清扫,大爱电视台的同仁问她:"修女,你怎么也愿意这样投入?"她回答说:"慈济人在美国付出很多,我虽然是美国人,但是长久以来都住在台湾,为台湾人付出,这是应该的。"

的确,宗教就是要这样,才是真正的宗教。我们有一个宽阔的心胸与共同的目标,那就是为人间撒播爱的种子,但愿我们地球到处都充满了爱。

惊世的灾难·警世的觉悟

所以在惊世的灾难之后,我们应该要有警世的觉悟。这种身心障碍,就是因为没有把心照顾好,人心复杂化了,才会造成人世间的痛苦、灾难。不管我们处在什么样的环境,都要知足;哪怕只是打开水龙头,当水流出来,在你洗手的那一刻,也都要感恩。

　　知足,心才能平衡,才能心安理得。所以说,人要时时刻刻知足、感恩,有了这分心,大爱就会发挥出来,这就是植福因。

　　人来到善恶杂糅的娑婆世界,有善的种子,也有恶的种子:善的种子来到人间,是结好缘,得福报;有恶的业,就会碰到恶缘,所以都不要怨叹,只要想如何才能消旧业? 就是要善解、包容。人与人之间的相互对待,若遇到不欢喜的缘,或是遇到逆境都要善解,凡事要包容。

　　我们要善解,才能把爱发挥出来;要包容,旧业才能消。

　　这就是: 知足、感恩,植福因;善解、包容,消旧业。

让风筝飞吧

亲人破碎的躯体已如一只飘扬的风筝，假如有一根线把它拉住了，这个风筝就会一直挣扎；祝福它，放下它，就让风筝自在飘到它该落地的地方。

二○○二年五月二十五日，华航班机于澎湖附近失事。看到媒体的报导，我们也如同身受。有的家属哭昏了过去；有的悲痛欲绝；有的呼儿唤女："回来吧，回来吧！"有的在叫着："爸爸，妈妈，回来吧！快回来吧！"那种凄厉呼唤的声音，的确让人非常不忍心。

全台总动员的爱

许多画面看了真是椎心之痛，不过也看到台湾民众总动员的爱。媒体一报导出来，慈济人立即成立救难中心，把关怀分布到华航总公司、桃园中正机场。澎湖的慈济人也同时动员起来，所有的委员、慈诚队，或是培训、见习、地区志工都统统动起来，还有高雄与台南的慈济人也整装待发,准备前往澎湖支援安抚与香积的工作。

救灾相关单位及民间同时紧急动员海空救难,不断由空中及海上搜救寻找。民间的中华搜救队、官兵、警察单位合心协力,许多宗教团体——如佛光山、法鼓山等等,大家都集中起来轮流为往生者助念。

人生真无常,不过能看到整个台湾的爱心动起来,不分单位,不分宗教,大家能共同为一件事而付出,的确很令人感动。后来,陆续找到罹难的尸体,运往澎湖体育馆,慈济人又开始从事陪伴认尸的工作。

尸块捞起来,有的没有头,肚破肠流;有的没有手,有的没有脚。这么严重的损伤,又在这样炎热的天气,很快就发出不好的气味。的确,事实是很残酷的,要叫家属不悲痛,要他们不凄厉的呼叫,很难啊!

让风筝自在飞翔

不过事情已经发生了,就如一个已经破碎的风筝,随着风飘在空中,假如有一根线把它拉住了,这个破烂的风筝就会一直挣扎。假如能把这根线剪断、放掉,让风筝随着风,自在飘到它该落地的地方,这就是"生者心安,亡者灵安"。

否则亡者的意识(灵魂)看着家人呼天抢地,那样凄厉的呼叫,反而更添他灵魂的不安,那种不舍的苦,这种无形的神识缠缚着,他是脱离不了的,他也会停留在那边。说不定他一直在肤慰着他的儿女,肤慰他的父母,跟他们说"不要哭,不要悲,不要痛",说不定他一直在呼唤,可是我们又听不到。所以,生者要先把心安定下来,冷静下来,虔诚随着各自的宗教信仰,为亡者祈祷与祝福,让他的灵魂也能安定下来,他就能自在的随着他的业力而去。

假如是佛教徒,他会随着善业投生,倚靠佛菩萨的力量安他的灵;假如是天主教、基督教,也能靠着他的主与信仰,使他的灵找到归宿。

几天过去,许多家属仍在等待救难人员打捞起亲人的遗体。有的悲痛得几近虚脱,慈济人一口一口喂着他们吃东西,看着女孩边吃边哭,慈济人也一边喂她,一边跟着流泪,这就是同体大悲,也就是生命共同体连心的痛。

伸手肤慰,真心陪伴

台北、桃园的慈济人因为有处理空难的经验,到了澎湖就负起陪伴肤慰和协助验尸认证的任务。志工考虑到家属接触到亲人残破肢体时的冲击,所以协助认尸时,先由志工去面对尸体,看看有什么特征,然后向家属们传达,家属们听到符合的特征,

再由志工陪同前往确认,让家属慢慢的接受。这一关真的非常困难,要顾虑到家属的心态,有的人受不了都会昏厥过去。

其他的,比如罹难者有的来自台湾中部或是香港,中部的慈济人或是香港的慈济人就按照名单,分头到罹难者家里去肤慰他的家人,甚至有罹难者的孙儿在美国,美国的慈济人一样是前往安抚。接到讯息,什么时候遗体要接回来,慈济人就帮忙家属安置灵堂等等,把对方当成自己的亲人一样。

我们的人医会,也在空难发生的隔天早晨,就前往澎湖设置医疗站。所以说来,不管是陪伴认尸,或是医疗、饮食等等的照顾无微不至,真的非常感动。

因为人间多疾苦,更需要菩萨慈眼视众生,用敏锐的耳朵观听世间的苦难,还要用充分的毅力勇气,去面对这样的境界,慈悲、毅力、智慧一定要齐全。这几天心情非常沉重,这种悲痛和家属的心境都是同样的,不过在这样的情况之下,大家一定要先把心安住下来,家属假如真正为了往生者好,唯一就是要安他的灵,让他心无挂碍,灵魂能飘逸的到达他的归宿。所以唯一的办法,就是为他祝福,虔诚地祈祷。

看到罗马教宗一接到这样的讯息,也同为台湾祈祷与祝福。是的,这个时刻感伤总是于事无补,我们还是要提起精神,以最虔诚的心为他们祈祷。

第二章：

慈悲心

愿再来

生·命·的·勇·者

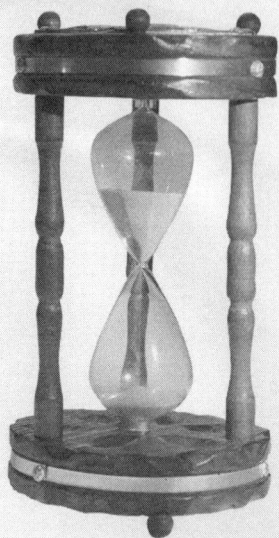

　　人到底要如何生、如何死呢？生死事大，到底如何庄严往生？六道轮回、人天果报，端看各人生前所造诸业，如是因，如是果，丝毫不爽。"诸恶莫做，众善奉行"是使人生趋向善处的基本修学。

　　有一句闽南语俗谚："棺材是装死人，不是装老人。"听来确实再明白不过。是的！死亡最无情，但也最平等，不论什么年龄，不论是谁求情，它还是抓紧原则，时候到了，谁也无法多呼吸一分钟。

　　有生就有死，死是人生必然的终点。中国人一向忌讳谈死，但是不去面对是不是就能不死？答案当然是不可能的。这么说来，既然人一定要死，与其死得毫无准备，临死之前挣挣扎扎、万般难舍，为何不及早正视此一人生必然的死亡课题，随时准备安然赴死！

死亡的阴影一直与人们同生共存，但是却被人们刻意蒙上一层层隐晦的外衣，以至于让人觉得更加神秘、更加恐怖，深怕一旦招惹上它，就会被禁锢在万劫不复的深渊中。

其实生是死的开头，死是生的起点，对佛家来说，躯体虽然终归败坏，意识（灵魂）却是不灭的，我们实在不必害怕死亡。接下来，就让我们来看看一些生命的勇者，看看他们面对了什么样的死亡课题，看看他们如何转换自己的心态，看看他们如何在人生的最后，发出最璀璨的光芒，令后人记载下诉不尽可歌可泣的生命乐章。

口中谈死已不容易，身心全然接受死亡的课题，该是怎样的一番转折？佛家云："万般带不去，只有业随身。"证严上人常说："人生没有所有权，只有使用权。"慈悲心，愿再来，这些在平凡中显现不平凡的人们，必已乘愿再来人间，在他周身展现最美丽的生命色彩。

了悟生死，解脱自在

汝当放下恋著过去之蕴，放下恋著未来之蕴，
则为达彼岸者，心离一切有为法者，不再入于
生死。

人生之大苦莫过于有"身"；有了身体就有生老病死苦、五蕴炽盛苦、求不得苦，还有怨憎会苦，更难受的是爱别离苦。这都是因为有了这个身体的缘故，所以说人生之大苦莫过于有"身"。

佛陀在世时和我们一样，有生、老、病、死的示现。佛陀到年老时仍然领导着僧团，其中有一位大爱道比丘尼——摩诃婆阇婆提，原是佛陀的姨母，当时也年老了。有一天他想："我自己的年纪已经很老了，而佛陀年纪也大了，人生难免有死。但是，假如要我留在世间亲眼见到佛陀灭度，真是情何以堪啊！"因此他决定要在佛陀涅槃以前，自己就先取入灭度。

于是有一天，他来到佛陀面前向佛请求，想要取入灭度。佛陀默然，大爱道比丘尼知道佛陀已经默许了，随即叩头礼拜而去,然后真的就取入灭度了。

佛陀知道大爱道已经灭度,就告诉阿难说:"阿难,你赶快到城里通知大家,让大家为大爱道比丘尼送终及供养。"阿难接受佛陀的命令,立刻去通知大家,然后带了一个舍利钵,将大爱道的遗体火化之后,就将舍利放在钵中,捧回来给佛陀。

佛陀双手接过舍利钵,向所有的弟子们说:"你们大家看,这些舍利之前就是人身,人的身体若没有好好应用,则足以败道坏德。难得大爱道有此大丈夫的勇气,能辞亲割爱,入于正道、修行得果,这不是普通人能做得到的啊!"

佛陀从小在摩诃婆阇婆提的爱护、扶养之下而成人,而后修行得道,返回皇宫度化宫中之人,他的姨母也随佛出家了,一直到年迈都很精进。然而,人生难免有死,但是修行者看待死亡,就如"回老家"一样,所以"死"在佛法中称为"往生",也就是"舍此投彼",是心灵的解脱。

一般人都说:"生、死是最痛苦的。"其实,死的本身并不苦,最苦的是难舍的心,爱别离才是最痛苦的,这种生离死别是心灵上最痛苦的事。假如能对生死看得很自然,面对人生的终点就能安然自在而不恐惧,也就不会因亲人离去而肝肠寸断,能够很自然的面对它,那就是"解脱"!

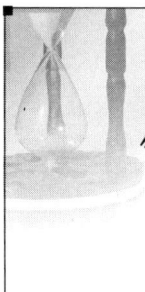

发大心转定业——杜诗绵院长

一切业障海，皆从妄想生，

若欲忏悔者，端坐念实相。

众罪如霜露，慧日能消除，

是故应至心，忏悔六情根。

杜院长的过世，实在令人感到很惋惜，认识他的这六七年，我忙于建院工作，而他发心帮助我。五年多前他发现自己得了肝癌，医生宣布他的生命只剩下三个月。

但是，我抱着很坚决的信心，聘请他为慈济医院的院长，那时我真的有这分信心，也是对我自己那分勇气的考验。这分信心勇气的来源，是因为相信因果的观念，我相信发多大的心，就有多大的福；发多大的愿，就有多大的力！对他而言，"定业"是医学界人士向他宣布只剩三个月的生命，但是我相信只要有愿力，只要他肯发心就能转动定业。

当时慈济有近十万的会员，每一位都热爱未来的慈济医院，医院正要破土,我就想:只要他自己内心"因的种子"能够发出来,就有将近十万的会员一起祝福他。所谓爱屋及乌,大家爱慈济,同时也就关心院长,而一起为他祝福,这就是因。他自己发心就是种福因,大家为他祝福就是福缘,有福因又有福缘,就增加了他无量的福。

当时很少人愿意来东部地区当医师,因为无名无利,所以医院一动土,我就开始担忧医师的来源。当时我想:杜院长是吸引其他医生同来的最好因缘,所以明知他只剩三个月的生命,我还是毅然聘任他为院长。

当时他向我说:"师父,您不知道我身上有一颗炸弹吗?"我回答说:"我知道,不只是你身上有炸弹,你有、我有,每个人都有一颗定时炸弹,但是,只要我们能善加利用生命,不管时间还剩多久都要分秒必争,发挥生命良能,有一天就做一天。"他听了很感动的说:"师父,您对我这么有信心,我怎能对自己没信心呢!"就这样决定了他来东部的机缘。

因为他肯发心过来,有些年轻一辈的医生也受他的影响跟着来了,又因为他肯发心,我就向台大提出建教合作的建议,所以我们医院的建设能够顺利进行,后来还提前开幕启用,这都是杜院长发愿的力量,转动了他只剩三个月生命的定业,又延续了将近六年的时间。

但是,生命依旧无常,后来他离开花莲到台大住院,住了四个月又三天,我行脚经过时依他所请,为他皈依了,皈依后的第三天他安然往生。听说,在他往生前一个多月一直到临终的那一刻,他都不断念着:"师父,阿弥陀佛。"相信他带着这分恳切的心而去,必定很快会再回来。

舍身菩萨林徽堂

人们避讳谈死,是因为对死的无知。

已故北区慈诚副大队长林徽堂,是"生死自在"一个很好的例子。

当初屏东分会的建筑和装潢,都是由他督导工程,那时他即隐约觉得自己的肝功能很不好,但却没有因此休息。他常说:"师父也常抱病做事,生病躺着休息很浪费时间,能做就做。"

接下来两年,他的肚子一直胀起来,眼睛越来越黄,皮肤也越来越黑,最后收到病危通知。医生有几次都认为他不行了,但是他一心等着要见师父,其实我也舍不得他要离开,所以就说:"一切随缘! 等我行脚时,有缘就能见面,若是见不到了,快去快回就好。"

终于等到我行脚。他见到我就说:"师父,我很不孝。"我告诉他:"人生,该来的时候来,该去的时候去,不管什么时候,都要很自在。"接着我问他:"来来去去、匆匆忙忙,到底你往何去?"他回答我:"再来慈济!"然后拉着北区黎逢时大队长的手说:"师兄,慈济一切要拜托你了!"到了人生的最后时刻,他还是心心念着慈济。后来他出院返家,在慈济人的陪伴下安详的去了。

他跟很多人结了好缘,心念也很坚强、很有毅力,到了生命的最后一秒钟还是没有放弃志业,所以大家都很敬佩他。听说前去为他念佛的人排满了整条巷道,直到晚上十二点多,慈诚队连夜将他的遗体送回慈济医学院,完成他捐赠大体的心愿。而他的父亲也很令人敬佩,他说:"送出去就好,什么仪式都不用了,交给师父就好。"这种心念是多么解脱啊!

"生死自在"不是平时说说,到了临命终时却又乱了方寸。佛教说"临命终时,心无贪恋,意无颠倒",这就是修行的最终目标,人生到了最后要很笃定,该走就走、毫无挂碍,这种生命才有价值。林徽堂病了将近六年,但是没有因病而空过日子,他的这一生毫无空过。

生命的勇者李鹤振

生本无苦,贤者见道,于死无悲。

学佛要学会"自在",人们往往都是"生"时欢喜,"老"时烦恼,而临"死"时就很惶恐!

在我们医院里有一位生命的勇士,他是慈济人——李鹤振居士。经过医生检查,很不幸的他罹患了胰脏癌,治疗一段时间后,医生宣布他的生命只剩下三个月。他想:生命本来就是如此,既然已经知道生命的期限,不如自己好好思考生命的价值,所以他毅然办理退休。

退休之后,他思考着剩下的生命要如何奉献给人群?后来他发愿将遗体捐赠出来,可以在医学院的解剖教学上发挥功能,于是住进了花莲慈院的心莲病房。

第一次看到他时,令我印象很深刻——他满面春风,脸上带着自在的笑容。我问他:"来了两天了,身体有没有比较好些?"他回答说:"就像回到家一样,很温馨、很欢喜! 我能吃能睡,觉得很轻松!"我告诉他:"这段时间里,你要尽量运动,到外面走一走或和大家聊聊天。"他说:"是啊! 我可以当志工,我会和大家聊聊天,也打算下午要带同病房的人出去外面走一走。"

他真的在病房中当起志工来了。虽然他已无法用体力服务病人,却能够用心灵的体验去辅导其他病患。他展现了安稳、自在、轻松的心态,这种平和愉悦的内在力量,在病房里发挥了很大的功能,让整个病房呈现一片开朗的气氛。

进到他的病房时,我们不觉得那是临终者的病房,也不觉得病房中的这些人生命已走到末端,可见他真的善用了眼下每一分每一秒宝贵的时光。有一天更令人感动,一群医学院的学生来到他的面前,面对几百位学生,他仍然能够很平静地谈生论死。他对生命看得如此自在,确实很难得!

他还有一个心愿,就是要圆满荣誉董事。我将皈依证送去给他时,也提前为他授证为荣誉董事,完成他的心愿。他为了要接受皈依证和荣誉董事的授证,要求医生把他的鼻胃管拿掉,他希望能干干净净、庄庄严严的,接受我给他的皈依证和授证仪式。

他的人生,的确是很自在! 尽管生命已经到了最末期,他还是这么平静,面带笑容的面对一切。

　　我告诉他:"难得你有这种修养,这是真功夫!很多修行人要学的就是这个,而你现在已经做到了。"又说:"其实,我们每天晚上的睡眠就是'小死',而每个人在一生中都会有一番'大死';就像人一生的工作做完了,可以休息——长眠了。那时,就和睡觉时的境界一样,意识脱离后的境界很飘然,没有什么痛苦。至于我们要训练的则是:在呼吸完全停止、往生以后,不要轻易让外面的境界诱引了!"他说:"我知道,我会听师父的话。"

　　人生既然有"来"的一天,当然也会有"去"的一天。自在的来,也就自在的去了!他很幸运的有一位好太太在身边,能安慰、陪伴他走完人生最后的旅程。

悠悠走过三十年慈济路

——静依

已渡凡夫恩爱河,老病死券已破裂;

见身箧中四大蛇,今入无余灭涅槃。

花莲资深委员静依已是一位临近九十岁的老人。不知不觉中慈济已走过了三十几个年头了,静依也陪着我走在慈济路上三十几年了。后来她住进慈院的心莲病房,在人生的末端,她说想要见师父。

看到师父去看她,她笑得好灿烂,我牵着她的手:"静依呀!你跟随师父多久了?""可能有三十几年了!""对,有三十三年。三十三年来你也做了很多事。""我没有做什么,我傻傻的!""你不傻,你很有智慧。师父当时想做慈善时,你从五毛钱的竹筒岁月就开始投入,还提着菜篮到菜市场帮忙劝募。"她听了,笑嘻嘻的对女儿说:"要准备给师公的东西赶快拿来。"什么东西要给我?

她的女儿拿来一个珠宝盒，一看到珠宝盒，我就对她说："我知道是什么了。"她笑着说："这是我以前慢慢积存起来的，是一只金戒指，给师父您盖医院。"我就收下来："好，师父替你盖医院，这样你是不是很安心了？记得刚开始做慈济的时候，常常需要四处去访贫，你就买了一部车子让女儿载我四处去。现在，你还是要记得跟紧师父喔！"她伸手拉住我，我说："对！就是要像这样拉紧我。你现在要赶紧发好愿，要记得不可以离开慈济，赶紧去，赶快再回来，要自在来去。"她一边听着，脸上笑得很开心。

　　看她到人生的最后还是笑得这样开心，没有愁容，眼睛闭着也是在笑，真正是生死自在。看她一生好像走得平平顺顺，是否就代表她的人生没有坎坷呢？不是的！应该说是她的心很开阔，"善解、包容、放大肚量"就是她的口头禅，不管是对儿子、媳妇或孙子，尤其是对慈济所有的师兄师姊，她从未说出一句不满的话。她常说："我们是修行人，要做慈济，什么事都要放开阔点，我们讲话就是要讲给人听，做事要做给人看，所以说话与做事都要用心。"

　　虽然是一句简单的话，却是一个很深的哲理。她走得让我很安心，因为她身病心无病，她的人生没有遗憾，所以我要祝福她很快再来！

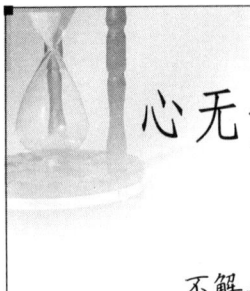

心无贪恋，意不颠倒

——静施

不解之缘，从过去到现在，

长情大爱，生生世世再到未来。

常常我会觉得，我何其幸福！来到人间，能够有机会接触到这么多有爱心的人，大家以智慧来响应慈济的志业，成为一股安定社会的力量。

大家来跟着师父都是自动的，绝对没有被动，所以我的心愿也就是，希望你们跟着师父，绝对不会后悔。我很谨慎，三十多年如一日，从第一念发心到现在都没有改变，分分秒秒，就是抓紧这一念心。不过，有爱，就有烦恼，当大家身体健康能为社会付出时，师父——铭感于心；但是，有任何一个人不平安时，师父就会操心，而当哪一个弟子离去时，实在非常心疼。

有一天晚上九点多，突然接到电话，说静施走了，那时候我的心情很难形容。静施跟随我做慈济，也超过二十五年了，还没有盖医院之前,她就来打佛七,后来要盖医院了,她就开始投入。她是第七组的组长,当时我要她当组长时,她说:"师父,我可以吗? 我不会写字,书读的也不多,我可以吗?"我跟她说:"只要你有心,什么都做得好。"

听她的先生说,有一位八十岁的老婆婆,替静施收了差不多七八十位的会员,老婆婆很疼静施。静施若是晚点去收功德款,她就会打电话过去念她:"我已经都帮你收好了,你为什么还不来拿? 如果再不来,我就不理你了。"静施接到电话就说:"好啦! 好啦! 我会赶快去。"老婆婆指责她,她也是很欢喜的接受,她从头至尾都是同样的一念心啊!

记得很多年前,有一回她要去收功德款时,在车牌下等车,突然间心脏病发作,她觉得很不对劲,就赶快告诉自己说:"我要坚强,慈济的路还有这么长要走。师父啊! 师父啊! 我还要跟着你,慈济的事不是还有很多要我做吗?"她就这样一直勉励着自己,刚好那时有一辆计程车经过,她一招手,计程车就停下来,她只说了一句话:"我心脏不舒服,拜托你送我到医院。"然后就不省人事了。

幸好当时计程车司机赶紧送她到医院,而她也很幸运的及时获救。这位计程车司机到底是谁? 我们也不认识,但是这位司机真的很好,把静施送到医院才离开。

过没几天，她就健健康康的出院了。从这时开始，她觉得生命很宝贵，因为生命的确只有使用权，没有所有权，所以她更要把握生命可以使用的时间。她常常跟我说："师父，我要发愿，发愿做到最后一口气。"真的是有愿有力。

她也曾是慈济护专的懿德妈妈，有时我去台北，她就会跟我说，师父，我的女儿又来看我了，我的哪一个女儿结婚了，哪一个女儿已经生孩子了。她把这些学生都当成自己亲生的孩子。

我记得静施的孙女刚学走路，还不会说话时，她就开始说我们从前做慈济时，每天存五毛钱来救人的故事给孙女听。小孙女学会说话了，她就教她说："钱钱给师太盖医院。"每天，她提起菜篮要出门买菜，孙女就会跟在后面说："阿嬷！钱钱给师太盖医院。"静施就会给她钱，不管是十块、二十块，小孙女拿了就赶快投入扑满。爸爸、妈妈要出门时都一样，凡是有人要出门，她就会说："钱钱，给师太盖医院。"

当我去到台北，这孩子就会拿着一个小扑满来，说是要给师太盖医院。静施还教小孙女顶礼师太，所以只要一看到我的相片，她说顶礼师太，小孙女立刻趴得平平的，非常可爱。

不管是儿子、女儿，就连孙女，她都是一样的心念在教导，这种身心精进，分秒必争做慈济，就是她的心愿，她就是要做到最后一口气，而她真的做到了。

她要往生的当天早上,还去做手语彩排,又去录影。我问:"录好了没?"她先生跟我说:"都录好了。"后来她的家人护着她的遗体,在第二天早上从台北出发,中午就送到慈济医学院做大体捐赠。你看,一生的事迹,自己都安排好了,真的没有遗憾了。

很多人为她念佛,我进去看她,也告诉她:"你发愿这辈子要做到最后一口气,你已经做到了。最后的身躯也已经回到慈济医学院,做孩子们的大体老师,你要赶快去再赶快回来,换一个真正可爱活泼的小菩萨形态,快快再来。"似乎她也在回答我:"师父放心,我会赶快回来。"

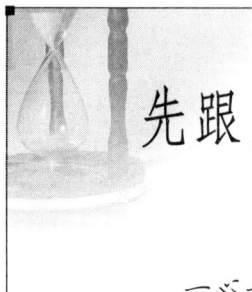

先跟师父再跟佛祖

——静蓉

一心一志,"先跟师父再跟佛祖",这就是静蓉
最后的一句话。

三十多年了,静蓉跟着师父做慈济,总是一心向前进,她跟
着师父学佛,所学的佛心即是大慈悲心。

记得三十多年前,慈济还是很克难时,她跟同修师兄就很肯
定慈济,两夫妻同心同道同志愿,就连她的女儿,也是一毕业就
让她来帮助慈济的志业工作,直到现在都不曾停息。

初时,花莲的委员并不多,会务工作或是访视贫户等等,都
是同样那几个人跟着师父去访视。每年一次的复查,她们也跟
着师父全省复查,辛酸苦辣无不都是共尝、共欢乐,这些都是最
真的情。后来,慈济开始募款盖医院,她们同样全心全力去呼
吁,医院盖好了,这一群资深的委员们就投入去照顾医院的伙
食。因为我一再交代,希望医院全部提供素食,但是又担心病患

吃不下，也担心同仁会反弹，所以这一群资深的委员菩萨们，就自动自发去照顾医院的伙食，让我不必担忧。

每个月的发放日，天还未亮，这一群资深的老菩萨，就会自动来到精舍厨房张罗伙食。过去每年都举行一次佛七，其中伙食、行堂等等，也都是她们在负责，就这样一路走过来。

不过人啊！生老病死是自然的循环，当她住进心莲病房时，就已经知道自己的身体不行了，不过她那分很洒脱、很自在的精神反而支持着她。记得我去看她时，她还问我："师父，什么时候我能快快的好起来？我还要再去做便当，全球的慈济人快回来了，我希望能为他们准备伙食。"她的精神还是很好，还是很勇敢很有毅力，期待快快好起来，还要为周年庆时的全球慈济人做伙食结缘。

有一次我出门行脚，在行脚途中，就有讯息传来说静蓉要等师父回来，病情已经很危急了。当然我还是按照行程走，不过心里也天天挂碍着她。等我行脚回来了，到医院去看她，我说："你还在等什么呢？去就去，来就来，何必等！"她说："看到师父回来我就安心了，去就去，来就来。"我又说："想睡就睡了，不管是睡多久，假如醒了眼睛张开还是看到周围这些人，你就要赶紧惜缘，要感恩！假使一睡就是长眠了，也要欢喜，再来时就会有一个可爱的人生。"

后来她的体力又恢复了一些，可以回家了。这段期间，她在医院也结了很多好缘,甚至有病患和她结成兄妹。当她回家一段时间后,过不了多久又回到医院来了。

那段时间我刚好又去行脚,回来后再去看她,跟她说:"我行脚回来了,我那么忙,你还躺在这里。"结果她回答说:"师父,您那么忙,我就替你多睡一些。"看她多潇洒,多自在。她还安慰我说:"师父您放心,我一定是一心一志,先跟师父再跟佛祖,我去了再来还是一样跟着师父!"

本来她想做大体捐赠,但是又想要升级,不要只当学生的老师,她想做医生的老师,那就是"病理解剖",因为她觉得生病很痛苦,希望把她最后的躯体奉献给医师们做病理解剖。当她还能做事时,就把她的爱心、精神、力量全部投入进来,她的所长是什么,就奉献什么,连最后的人生还要贡献给我们的医院,让医师们解剖,去了解她的病起因为何,才能为其他的病人缩短疗程,解脱苦难。

所以说来,这就是菩萨。她已经转了一个站,等待一个真正有缘的好家庭,等一个好时机,她再来的时刻,就是最清新、最美好的人生。想到这一点,我为她感到欢喜。我还听说往生前静慈她们去看她时,她还跟她们说:"握个手!"然后跟静慈说再见。就这样,多令人羡慕,我们应该要替她高兴,这就是解脱生死,去来轻安自在。

日出日落的生命
——苏金莲

若临命终,身无病苦;

心不贪恋,意不颠倒;

于一念顷,生极乐国。

每天同样的日出、日落,日子就这样过去了。但是在这天地
间,每一天、每一时都有不同的人、事、物发生,不断生生灭灭。
世间确实奇妙,快乐、欢喜、悲痛、惨凄都在同一个日子里发生,
每天都有从无到有,又从有而消灭的循环过程,每一天都一样有
这些生与灭的问题。

人生啊!在这日出到日落的过程中,每天都有人出生,也有
人死亡,生生灭灭,不断在时间与空间里交错着。台东委员苏金
莲,一九九七年中秋节晚上,和大家在精舍的草坪上跳山地舞。
隔天志工早会上,我称赞她都已经当阿嬷了,但是跳起舞来就跟
原住民跳得一样好,到了晚上大家请她教舞,她也笑眯眯的说:

"简单啦！只要记住几个重点就行了。"

"来,随我来!"她就在欢笑中教大家跳舞。过了没多久,她的身体开始倾斜然后倒了下去,有的人以为她在示范舞姿,没想到是昏迷了,大家赶紧叫来救护车把她送到慈济医院。

到达医院时她醒了过来,告诉身边的师姊说:"我没事,不必告诉我先生。"说完后就闭上眼睛休息,但是医师发现她瞳孔放大,已呈弥留状态,原来是脑血管瘤破裂,而且长在不好的地方,病情很快就恶化了。隔天早上我去加护病房看她,她睡得很安详。

我告诉她的先生:"你要有心理准备。"他说:"我知道,但是,实在太突然了!""是太突然了,不过我们应该祝福她。人生能健健康康、没有病痛,到最后一秒钟还是很欢喜,这是很难得的,虽然会不舍,但是想到她能这么轻安的离开也很安慰,我们就以最虔诚的心来祝福她。"

她先生说:"是啊! 相信她是求仁得仁。她的一生,走入慈济后是她最快乐的时光,尤其每次要回来当志工,就会像小学生要去远足一样,前一晚就高兴得静不下来。我很感恩慈济! 幸好在慈济有这么多人关心她,否则真不知道该怎么办?"她的先生也很能善解。

就这样,她静静的往生了。后来我行脚经过台东时也去看她的先生,他说:"师父,真的很感恩!自从她的遗体送回来之后,每天都有好多师兄师姊来关心,让我觉得慈济这个团体很温馨。"于是他发愿要当个接棒人,接续太太未完成的志业。

生死事大,但若能看得开、想得通,并且在一息尚存之际,能妥善运用生命的良能,一切就能安然自在。

人生旅途

有情所喜,是险所在;

有情所怖,是苦所在;

当行梵行,舍离于有。

人生在世就像在旅行,有些人的旅途很遥远,有些人却在半路下车,这就是"人生旅途"。

学佛最要紧的是看透生命。人身只不过是四大假合,就像一辆车子,车子里面的动力就是我们的灵魂,有时动力不足,却还要走在坎坷的路上,那是非常痛苦的事。我们若是看得开,可以马上将马达停止,丢掉这辆破旧的车子,赶紧再换一辆全新的,就能重新再起步,这就是解脱的人生。

学佛,要学得像这辆车的驾驶人,懂得选择车子、选择路,知道如何取舍,这就是"解脱"。众生之所以不能解脱,是因为被情爱束缚住,时时都舍不得,一直到最后不得不舍时,所带走的却只有痴迷与万般不情愿。平时我们就必须学得真正的洒脱,凡事拿得起、放得下,这才是学佛的目标。

但是曾经有一两个月的时间,大家心中都有一样舍不下的担忧,就是为了我们一位老委员,她在生死边缘痛苦挣扎。看到她痛苦的样子,大家的内心总是有一种企盼——如果她的病能好,希望她赶快站起来;假如好不了了,就赶快舍离,免得这位驾驶者在崎岖的道路上,因马达发不出力量,而受尽病痛折磨。

不过尽管站在旁边的人为她担心,知道这辆车子将要粉碎,但是驾驶者却还存有一线希望,希望能将这辆破车开过坎坷的道路,想象前面就是平坦的路途,这也是人之常情。

终于,这段坎坷路她走过去了。很多委员从医院回来都跟我说:"师父,我们大家都很羡慕她,她好有福气啊!"对! 她很有福气。看看最后大家为她念佛,为她洗身、换衣,穿上全套的慈济制服,真是一位端端正正、庄严无比的佛教徒。

记得她生前曾对我说:"师父,你怎么不赶快跟我说一句'你赶快去,赶快来啊!'"老实说,不用师父讲,这句话早就印在她的脑海中,只是她舍不得罢了! 但是,此时她既然已"赶快去",相信她也有决心"赶快来";因为既已"舍",现在就是全心的"得"。她女儿对我说:"师公,妈妈愈看愈漂亮。"她不只是漂亮,而是生命的庄严,因她舍弃了凡夫心,抱持这分菩萨心,才会选择"倒驾慈航"这艘船,回入裟婆再来度众生。

我还听到一件事很感动,本来她好像还放不下,后来女儿跟她说:"妈妈你放心,慈济的志业,我会替你接棒。"我想,这句话应该是她最大的安慰,也让她安心的放下这辆破车,放弃崎岖的道路,再去换一辆最有力的新车,继续上路。

破车哲学

愈不好的破车愈要用它，
不用只是提早报废。

常有人向我提起他们的梦境，我都回答："梦境本是虚幻！"
不过，虚幻的梦境有时也很有趣。有一天早上快敲板以前，我做
了一个梦。

梦境里，我看到一团光圈，它慢慢由远而近，中间好像有个
人影似曾相识，近一些再看，在光圈中，她虔诚的合掌礼拜，顶礼
之后向我做了一个像是"再见"的手势，然后光圈就慢慢淡了，此
时，板声随之响起。

这个梦也是虚幻的，但好像有点特别，当时的心境甚是欢
喜，而醒后犹觉得喜悦。前一天我才听到一位志工往生了，并且
已经火化，不知是否因为我想得太多才有这个梦？倒是这位委
员志工的精神很值得我们谈谈。

一年多的时间,每次轮到他们那一组回来当志工,她一定把握机会回来。她真的很精进,虽然身体不是很好,但是常常记得师父说的:"愈不好的破车(身体)愈要用它,如果把它扔在旁边不用,这辆破车就会愈早报废,所以,能用就得多利用。"

后来,医生诊断她已是肺癌末期,当时的病状是气喘,原来癌细胞已经转移到心脏,而且有了积水的现象,因为她的病情危急,所以立即住进医院。后来她转回慈济医院,医生马上为她处理,抽出二千多毫升的积水。

在加护病房里,只要有人去看她,虽然她戴着氧气罩,但总是笑脸迎人,没有一点儿病容。后来转入普通病房,如果气喘较缓和时,她仍然去当志工,热心的向其他病人谈慈济。

我去看她的时候,她把头发梳得光洁干净,正坐在床上等着。我说:"昨天才刚动了手术,你今天还这么勇敢!"她说:"就是要勇敢,要拼才会赢!"她笑得很开心,还安慰我说:"师父!没关系,我身体一向就是这样,所以要跟它拼,拼得过就是我赢,因为师父很缺人,所以我会努力;要不然也要快去快回!"她说得很轻松,好像在说别人似的。

等我出门行脚回来,听志工说她往生了,有好多人为她助念。隔天早上我到医院看到她的儿子,他看起来很平静,我对他说:"妈妈已经安详往生,你不要再烦忧。"他回答说:"妈妈在这段日子里有那么多师姑陪着她,看她那么高兴,我也很高兴,我一定会照妈妈交代的话做,接慈济的棒子。"我说:"这样很好啊!儿子接棒,她更可以安心的快去快回了。"他说:"妈妈也说拼不过就要快去快回,她走得很安详,没有痛苦。"

生死事大,人生在世,生时不知如何;要走的时候,则希望能清清楚楚。看看这个例子,因为她有这分慈悲喜舍的心,所以来得简单,去得安详,生死自在。

透彻人生，安然往生

日轮西去，了知娑婆阳光有限；

净土归来，始信极乐寿命无穷。

有一则发生在慈济医院心莲病房的故事，故事主角是位"透彻人生，捐赠遗体"的老先生——

家住南投的老先生，发现自己是癌症末期后，想要捐赠遗体，就在家人支持下住进慈院心莲病房。有一天，老先生很想去静思堂走走，半途老先生体力不支，遂又折返医院，回到病房，老先生便安详、无痛苦的往生了。

他的亲人赶过来时，提起老先生曾说要捐手上的两枚戒指给我盖医院。但老太太担心老先生的身体已经僵硬，要如何脱下戒指？这位亲人遂对老先生说："是你自己发心要捐的，你就要让我们拿得下来。"不可思议的，戒指很快就取下来了。接着将老先生的遗体送到医学院做防腐处理时，依旧面色如生，好似睡着一般,令人看了就感到安心欢喜。

　　真是令人赞叹!他最期待的就是人生的最后、要大舍的这一天,所以将生死看得很透彻,才能走得这么安然自在。其实,死并不可怕,可怕的是有人因为想不开,而以种种方法伤害自己,甚至自杀,如此身心都不得自在,那就苦不堪言了。

　　有人说,什么都可以学,就是"死"不要学。我则认为,死才真正该用心学习。死亡是人生的终点,人们最惶恐的就是这件事,若是能对死亡有透彻正确的认知,知道人死之后灵魂脱体,是非常安然的境界,这样就不会对死亡那么恐惧了。死不足畏,重要的是活着时就要看开生死,凡事不计较,把握现在努力付出,这样的人生绝对没有后悔,也才是有价值的人生。

两个心愿

"如果病不能好，就把身体捐给医学院做解剖。

假如能好起来，将来要考上慈济医学院，

当一个好医师救人。"

勇敢的小弟弟如是发愿！

大舍遗体实在是难舍能舍的崇高义行，因为我们民间"全尸、入土为安"的观念根深柢固，能够破除这个禁忌，发心捐赠遗体供医学研究，实是透彻生死的大智慧者。

大体老师们有的是八九十岁的老人家，也有的是十几岁的少年。记得行脚到台中时，这位十六岁的小弟弟由妈妈陪同前来，见到了我，他就很勇敢的跟我说："师公，我有两个心愿，不管是哪一个愿，我都已经下定决心了。"我问他有什么愿望？他说："我是一个淋巴癌的病人，如果我的病不能好，我要把身体捐给医学院做解剖。假如我能够好起来，我希望将来能考上慈济医学院，当一个好医师救人。"多么勇敢的孩子啊！这么从容自在，讲的好像是别人的事。

听了他的话,我的心里真的在流泪,怎么不心疼? 他的年纪这么轻,应该是生命力非常强盛的时候,却得了这种病。他的妈妈在旁边听着,脸上虽然在笑,可是眼泪也不断的流下来。

这个孩子的妈妈是慈济委员,她很勇敢,对生死也看得很洒脱,当她接到医师的宣布,知道孩子再也留不住了,就化哀伤为大爱,鼓励孩子将遗体捐出来。难得这个孩子也懂得妈妈那分大爱,愿意往生后把身体交给医学生做研究。

我相信,我们医学院的孩子们同样也能体会捐赠者的爱心,一定会以诚恳的心来对待他们。此时,脑海中闪过一幕景象:我们有一位学生是原住民,原住民的个性一向都很开朗豪爽,喜欢唱歌。当他在上解剖课时,觉得眼前的大体阿伯就像他的亲人一样,所以经常陪在阿伯身边,唱歌给阿伯听,他觉得阿伯好像也跟着在唱……真是很美丽的生死交会啊!

大爱舍儿身

还好他的器官在很多人身上使用,当初若没有舍出来,火化之后就什么都没有了……

慈济教师联谊会的一位女老师过来见我,日前有一位车祸往生,而捐献器官及骨骼的现役军人,正是她的儿子。母子情深,提到意外身亡的儿子,她情不自禁流下泪水,悲苦的诉说:"心里真有一种失落感……当儿子停尸在殡仪馆时,我还能每天去看一看他,虽然只是摸摸儿子,总也是感到安慰。但是,现在他已经火化了,我再也看不到他了,内心实在觉得很空虚……"

这真是天下父母心啊!这种做母亲的心理我们是可以理解的,但是已经发生的事情,还是要能善解,我就劝她往另一方面去想:"还好你儿子的器官,还能在很多人身上使用,当初如果没有把他舍出来,火一烧就什么都没有了。现在儿子能够造福这么多人,你应该感到欣慰才是。"

这位老师就问:"在做移植手术时,我儿子会感觉到痛吗?"

我回答他:"不会。因为意识脱离身躯后,对身体的一切就已没有知觉,平常人之所以有痛的感受,是因为意识还在。你的儿子生前既然曾发愿捐赠器官,现在身上的器官真正能发挥救人的良能了,相信他一定会很安慰。而你也要感到光荣,虽然心痛难免,但你的成全是很有意义的。"

在讲求"全尸"的民俗观念里,这位老师能强抑丧子之痛,成全儿子大布施的心愿,真正是位了不起的母亲!

用自己的生命说法

说法现身容大度,

救出世人尽欢颜。

某天我接到一位慈济委员的电话。她儿子就读警官学校,最近在训练期间一直发烧,持续了一个多月。他以为是感冒,也没有很在意,那天又发高烧达四十几度。

隔天官兵们上体育课,要跑三千米,年轻人把他的情况告诉长官。他的长官说:"再用体温计量量看!"量的结果是三十七度多,还算正常。长官就说:"一点点烧不算什么,还可以跑呀!"年轻人就服从命令,但跑了一千多米后,不支倒地,被送到医院急救。

他们夫妻接到通知后,立即到医院去看儿子,见面时,儿子很勇敢,身体也好像恢复了许多,还跟他们说明最近身体的状况,又安慰他们说:"没关系,我休息一下身体就会好了!"他们才放心回家去。

但是，刚回到家几分钟，电话又来了："你的儿子很危急，已被送进加护病房。"他们马上又赶到医院，到达加护病房时，医生宣布："他已经脑死了!"他们听了宛如晴天霹雳，刚才明明还好好的，没想到现在再也不能和他们讲话了。他们的儿子很乖，长得也一表人才，但是，突然的病变，竟然是这样的结果。其他的慈济委员都在旁边尽心的安慰、陪伴他们，请他们节哀顺变。

这时委员也提醒这对悲伤的父母说："你们的儿子已经脑死了，不过器官可能还能用，这时最好是发挥大爱，把他捐出来帮助需要的人呀!"他们听了如梦初醒："对呀! 应该要发挥大爱，师父常常这样教育我们，慈济人不应只爱自己，儿子既然脑死了，还有许多人需要移植器官才能活下去!"于是，他们下了决心要把儿子的器官全部捐出来。

联络上长庚医院后，便把孩子的身体接过去，长庚的医师抱着人道主义，因为病人戴着氧气罩还有气息，医师很慎重的说："我再为他检查，即使只有万分之一的希望，我们也不放弃!"所以，在长庚又为孩子做了全身检查。结果发现他因为发烧时血管阻塞，无法将血液送至全身各器官，而且脑血管破裂，病毒已经发散至全身，所有内脏器官都被感染，因此完全不能捐了。

后来，听说孩子的长官为了这件事心里很难过，所以常去探望。长官问他们："你们有什么要求？有什么意见要提出吗?"爸爸说："既然事实已经这样,我们再要求什么也无济于事了! 若说有什么意见,我希望这种事只到我儿子身上为止,以后不要再有类似的不幸发生。希望各位长官能把爱心发挥出来,以父母心来疼爱别人的孩子,因为每一个孩子在父母的心中,都是一块无法代替的宝呀! 虽然我们很心痛,但是再提出要求也是多余的,希望大家今后多爱护别人的子弟,不要再有同样的事发生。"

长官们听了这些话,心里非常感动,说："你们真伟大呀! 儿子发生不幸,你们竟然还想到别人的孩子,你们有信仰吗?"这位父亲说："我们是佛教徒,是慈济人,平时师父就是这样教育我们,所以,我们也不想要求什么,只希望儿子的示现能教育更多的人。"

这是多么伟大的父母呀! 儿子已经无法复生,而他们没有怨言,只是诚心为其他人的子弟着想。

最后年轻人断气了,好在眼角膜没有受感染能够捐赠,终于能带给人重见光明的希望。于是,这对父母又做出决定："这种病这么罕见,那就把儿子的遗体捐给医院做医学解剖研究,希望能找到病因,以便将来发挥有效的医疗功能。"是啊! 这也是对医学的大奉献,这对父母的抉择,实在是功德无量!

第六意识出离的境界

感觉很轻，轻飘飘的到了一个很美的境界。

我看到我的父母，很多亲戚都在那里，

跟我说：回来啊！回来啊！

　　我们常说眼、耳、鼻、舌、身、意为六识，当我们的意识和眼耳鼻舌身会合的时候，也就是有人在说话时，我们的耳朵在听，有没有注意听的这个"意"，还有我们在看，有没有注意看的这个"意"，以及说话的人，有没有注意在说的这个"意"，这就是第六意识。

　　设若我们的"意"无法和前五识会合，就会产生明明别人在说话，但是自己却无法反应的情况。就像医师宣布病人的生命指数很低，或是说他已经没有意识了，但这并不等于已经死亡，这只不过是意识无法和境界产生互动，所以看起来好像是昏死了一般。

　　例如有一位林居士，他既是慈济委员，也是荣董及慈诚队，有一次他心脏病发作,送到一家医院急救,医师帮他做电击,急救了半个多小时,情况仍不见好转。这家医院没有加护病房,就建议他的家属赶紧转送大医院。大医院的心脏科权威医师,在急救了几次后,都发出病危通知,医师告诉他的家属说:"你们要有心理准备,他可能随时都会走。"

那时候我正好行脚到台北,一下车就赶紧到医院去探望他。他的家属跟我说:"师父,医师已经请我们要有心理准备。"我进去看他时,林居士躺在病床上,怎么叫都没有反应,我就拍拍他的肩膀跟他说:"要放下心来,如果业尽了,就自然、安心的走;如果还没,师父还有很多事需要你去做。要用心,要发愿,要坚强一点,该回来你就要回来,再回来帮师父做事。"当时他的太太在我身边,医师也在身边,我觉得他好像眼睛张开了一下。我就再拍拍他的肩头:"听到了吧! 师父很忙,不要老是想留在这里。"说完以后我就离开了。

那段时间我都在台北行脚,后来听到讯息说他的病情慢慢稳定下来了,又过几天,他就从加护病房转到普通病房。当我要往南行脚之前,又去了一趟医院看他,他看到我就赶快坐起来,我问:"怎么差那么多?"他说:"是啊! 师父不是说您很忙,叫我赶快回来吗?"我说:"我说的你都有听到吗?"他点点头说:"有啊!"我说:"那时候你怎么不理我?"他又说:"就是没办法啊! 我就是无法向您表达。其实,我觉得当时好像做了一场梦。"

我问他梦见什么? 他回忆着说:"我梦见听到很好听的音乐,那不是在世间能听到的,反正就是很好听,人家说天乐,大概就像这样子吧!"我又问:"听了音乐然后呢?"他说:"感觉很轻,轻飘飘的到了一个很美的境界,那个境界我不会形容,就是很美。在那里我看到我的父母,很多我的亲戚一大群都在那里,跟我说:'回来啊! 回来啊!'我正要去的时候,刚好听到师父的声音说:'我很忙啊,要坚强一点,师父还有很多事情需要你去做。'我听到这样,就觉得不能跟他们去,我要赶快回来帮师父。"在听到我说话的那时候,他说他的确张开了眼睛,真的看到我了。

现在这位林居士每天都很忙,我问他:"你那么忙,身体受不受得了?"他很幽默的说:"您看,我每天都很忙,哪有时间再生病啊! 我照常吃药就好了,而且每天都要出去收功德费啊! 我师姊忙着她区组长的事情,我如果没有认真去收功德费,师父,我马上就没工作了。"

这就是一个神识出离的经验。他的意识就是在那之间,也就是生死的边缘,医师已经发出了好几次病危通知。但是他复原后,脸色非常红润,非常健康,每天做慈济做得很快乐。

所以我常说,不要在病人的身边哭泣哀叫,或是说一些让病人伤心挂碍的话，尤其是我们在当志工时更要注意，不要因为病人昏迷了，就在病人面前问他的家属或是朋友一些事，这都不好，因为他的意识都还在，只是无法回答。我们如果要跟家属说关于病人的事，应该把家属带离病人的身边，才来和家属互动，因为病人本身的意识还存在，在病人面前讨论，会让他有挂碍，走得不安心。

有句话说"华佗难救无命之人"，其实一个人的业如果尽了，怎么救都难以救得回来；业如果未尽，要走也走不了。所以我们时时照顾好这念心最重要，像林居士他所经历的是很好的境界，有天乐，有亲人，有很美的境界轻飘飘的，很安然，很自在，这是身旁的人无法体会的。平时我们如果能够养成很好的脾气，对人人都很好，所做的都是好事，这样的善念就是福。人生总有最后的一天，恒持善念，在面临最后的那种意识境界，就会更加轻安自在。

第三章：

因缘生
因缘灭

生·与·死·的·故·事

人生就如登山一样，

登上最高峰时，就是下山的时刻。

了解这个道理后，

最要紧的，是问清楚自己在世间的价值，

是不是真正发挥了生命的功能？

婴儿室里，护士小姐来不及喂哺的婴儿，正因肚子饿而涨红了小脸啼哭；大手牵着小手，谁家的娃儿已经开始学走路了；背起书包，老师、同学早，阿嬷对小孙儿说："读幼稚园要乖乖喔！"嫩嫩的苹果脸点了一个头，阿嬷笑了。

一只只小手热切地抢答问题,教育的希望正在萌芽;操场上追逐的身影,一年高过一个头,眼看着就要步入另一座学习殿堂;少年的青涩,不识滋味强说愁;分道扬镳,有的人步入社会,有的人追求学识的另一层突破,青春正烂漫。

结婚进行曲带领新人步上红毯,生命的传承在此展开序幕,金的、银的甜汤圆,比不上一对新人脸上的笑意浓;喜获麟儿前的呼天抢地,在看到自身血脉的一刹那烟消云散,孩子的爹快来取个好名字,保佑孩儿一生无忧,孝顺父母、光大门楣。

当年华逐渐老去,时代已经过几次变动,年轻人有年轻人的天空,老人家只好善自珍重了。体衰病痛是老年人的好朋友,孤单与寂寞相伴而来,唯一不来亲近的是那匆匆消逝的岁月,连头也不回一下,总是不等人准备好面对下一个人生场景,就硬生生将人推到台前,上了台的人啊!只有各凭本事演一回了。

冷眼旁观或热情鼓掌的观众们啊!就来看看这些个古今中外的"人生大戏"吧!

十二因缘法

无明缘行,行缘识;识缘名色,名色缘六入;

六入缘触,触缘受;受缘爱,爱缘取;

取缘有,有缘生;生缘生老忧悲苦恼。

经常有人问我:"师父! 为何最近我的运气这么糟?""师父! 有人帮我算命,说我某个时候会如何、如何,这些该用什么方法解除呢? 我应该诵哪一部经、念哪一尊佛号才能消灾解厄? 什么方法才能真正改变我的命运?"

其实,人生就如登山一样,登上最高峰时,就是下山的时刻。有生就有死,这种不断轮回的"分段生死",其实很自然也很平常。了解这个道理后,如果还是把问题留在心中烦闷起疑,根本无济于事,最要紧的,是自问曾在世间做了什么好事? 有没有真正发挥人生的功能?

佛在世时,有一位频沙王,是佛陀的大护法,他有位很好的朋友弗迦沙王。一天弗迦沙王派使者送了一座金塔莲花座给频沙王,频沙王觉得这份礼物不但庄严华丽,而且也非常宝贵,于是恭敬的把这份重礼供养佛陀。佛陀也欢喜接受了。

频沙王接着请问佛陀说:"佛啊!我将礼物转送给您,不知该以什么东西回赠好友弗迦沙王呢?"佛陀说:"你可以写一段'十二因缘法'送给他。"

频沙王认为这确实是一个好主意,因为好友也身为国王,什么宝物他都有,送他再贵重的东西也是多余的,而佛陀的教法是无价之宝,所以,送他佛陀开示的十二因缘法,最适当也最有价值。于是将十二因缘法,一字一字用心的抄写下来,派人送给好友,并且请好友不只要每天背诵,还要思考里面的重要意涵。

弗迦沙王收到这份回礼,心想这十二因缘法一定有很深的道理,所以很用心的看,结果有了很深的体悟。他领会到人生的过程,由生到死完全不离开这十二因缘法,若是一朝因缘分散,哪里还有所谓的"人"呢?哪还有什么地位与荣华富贵!

他觉得再继续贪恋王位与权势,是一件很愚痴的事,于是把王位让给太子,自己落发披上袈裟,离开国家要到佛陀的道场。之间路途遥远,他一路托钵,学习过出家人的生活。

经过一段时日,即将进入舍卫国的国界,算算大约只剩七天的路程。一天傍晚,来到一家烧窑店前,他向主人要求借宿一晚,烧窑店的主人看到出家人很欢喜,于是就供养他,然后整理房间让他歇息。

此时,又来了一位修行人,他也向店主借住,主人说:"可以呀! 但是,我只有一间空房,刚才来了一位修行者先住了,你可以和他同住一间吗?"修行人说:"可以。"因此,他们就同住一房。

后来的修行人问他说:"你从哪里来? 看起来风尘仆仆的,好像走了很远的路。"他就自我介绍。后来者又问:"你心目中的师父是谁?"他回答:"我心目中的师父就是佛陀,我长途跋涉,就是为了到舍卫国向佛陀求皈依。"后来的修行人听了,便为他分析人生无常的道理。

"人命在呼吸间,人生的价值不在寿命的长短,重要的是能否彻悟真理,如果彻悟了,即可证得永恒不生不灭的慧命。人的生命原本就是起伏不定的分段生死;有的人寿命很长,有的很短,什么样的祸福都是由因缘而生,有过去生的因,就有现在的果。你还是好好把握当前的道念吧!"

听了这些话,他觉得就像甘露灌顶一样舒畅,于是问道:"你是不是曾经见过佛陀?"后来的修行人微笑道:"因为你要见我,但我担心人命无常,所以提前让你见到我啊!"他听了恍然大悟,眼前这位修行人原来就是佛陀,他赶紧礼拜叩头。隔天即将分别时,他和佛陀约定:"七天后我们再见吧!"佛陀仍然告诉他:"人生无常,祸福只在一念间呀!"他们就分手了。

这位比丘继续向前走,将入舍卫城时,路上有一只刚生产完、防卫心很强的母牛,当他走近时,母牛突然凶性大发直冲过来,牛角插入他的腹部,当场就肚破肠流伤重往生了。

这是佛在世时的故事,当事者面对佛陀,而佛陀能教他逃过这个劫难吗?答案是不能!这位弗迦沙王为了见到佛陀,为了修行而舍弃王位,结果还是受报往生了。好在在他往生前已知晓无常之理,如此,一念觉悟便不致于沦落恶道。

人身难得,我们既得人身,又有机会踏入佛门行菩萨道,是不是比弗迦沙王更有福报呢?请大家要自我警惕——人命在呼吸间呀!

耶舍长者闻法的因缘

佛说苦谛实苦，不可令乐。

集真是因，更无异因，苦若灭者，即是因灭，

因灭故果灭，灭苦之道，实是真道，更无余道。

一切因缘生，一切因缘灭，因缘来时，就要看我们是否能好好把握因缘。

佛在世时的耶舍子，他有这个因缘，在鹿野苑亲自听闻佛陀说法，听得他满心欢喜。不料，在回家的路上，他却看到一户丧家，家属痛失亲人，哭得呼天喊地、哀哀啼啼。他靠近一看，病人已经死了，看看那位往生者四肢消瘦如柴，肚子却鼓胀如鼓，而且他的脸也浮肿不堪。他心想：人死的样子为何这么难看？

再看到家属的哀啼哭叫，真是苦不堪言啊！他就上前去问那些家属："人既然已经死了，你们为什么还要这么悲伤？"家属哀泣回答："他一生辛勤艰苦的付出，到头来却得了重病，生病的这段时间更是辛苦，让他受尽了折磨。现在永别了，从今以后我们再也无法见到他，叫我怎么能不悲伤？这是牵肠挂肚之痛啊！"

耶舍子想想：对啊，人生就是这样！

他想起刚才佛陀的说法——"苦、集、灭、道"，这四谛法正好可以在此印证：人的一生辛苦勤劳，到头来真正拥有什么呢？在死亡之前，还要受尽病痛的折磨，一旦一口气上不来，死者已死，而生者也是痛苦不堪，真是生离死别之痛！想想，人生到底是为何而生呢？人生的目的又是为何？这些问题一直盘旋在他的脑海中。

回到家后，这些问题还是无法消退，他一夜难眠，于是起身在房里来回走动。转头看到睡在床上的太太，平时看她觉得很漂亮，可是睡着之后的形态，他觉得和今天所看的那具尸体也差不了多少。一个人健康时梳洗得很清净，看来很漂亮，但是，死时、病时就变形了。

想到这里，他的心里非常恐惧，走到房门外，眼前看到的都是横七竖八躺在地板睡卧的仆人，他想：人间哪里是清净的？什么是最美的呢？他的心中不断产生各种矛盾的挣扎。后来，他便不由自主的开门走出去了。

他朝着鹿野苑的方向前进，经过一条小河，他又想着："要不要过去呢？"正在那儿犹豫不决的时候，抬眼望向远方的树林，林中好像有一片光芒。于是他脱下鞋子,放在河边,打着赤脚涉水过去了,一步步走向树林里,再向前进就是鹿野苑。

来到鹿野苑,他看见佛陀在那里静坐,他很欢喜,赶紧在佛陀座前顶礼跪拜。佛陀看到耶舍子来了,很慈祥的对他微笑,耶舍子就在佛前聆听教法,甚至也向佛陀表达想要修行的心意。佛陀微笑默然。

在耶舍长者家里,耶舍子的太太忽然醒了过来,一看,发现丈夫不见了,她四处寻找都找不到人,就赶紧告诉公公说:"耶舍子昨晚失踪了!"那时天还未大亮,大家都很惊慌,急着分头去找人。但是四处寻找的结果,大家回报的消息,都是没有看到耶舍子的踪影。

耶舍子不见了,最痛苦的莫过于他的母亲和妻子,当然耶舍长者也一样十分担心儿子的下落,就亲自带着家丁再去寻找。找到河边,他发现了儿子的鞋子,心想:鞋子既然在这里,人一定也在不远处,应该是在对岸的树林里。所以就带着家丁过河去找,同样也向着鹿野苑前进。

佛陀看到耶舍长者来了,他先让耶舍子暂时回避,长者到达佛陀面前,佛也慈祥的招呼他。长者一见到佛陀庄严的身相,便不由自主的生起恭敬心,很自然的虔诚礼拜下去。他请问佛陀说:"佛啊!您是否看到我的儿子?"佛陀说:"你请坐,先把心安定下来,等你安下心来,就可以看到你的儿子。"

长者听了,内心真的安定下来了,于是请问佛陀有关人生的道理。佛陀一样用四谛法的道理向他说法,耶舍长者听了四谛法顿有所悟,原来世俗的名利地位到头来还是一场虚幻,人啊!根本就一无所有。

佛陀又向他开示布施与功德等等道理。这场说法经过很长一段时间,此时耶舍长者的心境非常宁静,他已经忘记了寻找儿子的烦恼。这个时候,耶舍子出现了,他走到父亲跟前万般忏悔,请求父亲宽谅,并表达想要修行的心态。

父亲看到儿子安然无恙,也看到儿子和他一样,因得到佛法而喜悦安详,就说:"你的母亲和妻子为了你不告而别多么痛苦,她们在家里哭得死去活来,你应该回去看看她们啊!"

佛陀也说:"好吧! 身为儿子的也应该回去安父母的心,你还是回去看看吧!"耶舍子就要求父亲说:"我心坚意切一定要修行,是不是能请佛陀和我一起回去?"长者说:"也好! 你明天与佛陀一道回家,我也很想供养佛陀。"说完,耶舍长者顶礼佛陀后回去了。

耶舍长者抱着安详欢喜之心,这种喜悦就是一种法喜,是闻法之后的欢喜,因为这分法喜的心,他真的把所有的烦恼都放下了。人生在世间,到底是为什么劳劳碌碌呢? 有财富、有地位,什么都很富足,但是儿子忽然间不见了,这种煎熬痛苦就使人觉悟到:人生到了某个阶段时,不是我让别人产生痛苦,就是人家让我感到痛苦,这种生离死别是早晚会遇到的事,为什么人与人之间还要累积这种烦恼呢? 不如就放下吧!

这就是耶舍长者的觉悟,因为这样,他也证到初果的境界。

学佛就是要把握因缘,一切皆由因缘所生,这是耶舍长者因为儿子而接触佛法的因缘。所以,眼前我们有好因缘,真的要好好把握,藉佛法扫除烦恼,使心中充满法喜,这才是我们所要求得的。

立地化生的蟾蜍

闻佛柔软音,深远甚微妙;

演畅清净法,我心大欢喜;

疑悔永已尽,安住实智中;

我定当作佛,为天人所敬。

佛经中有一段这样的故事——

佛陀在世讲经说法时,除了天、人之外,天上飞翔的群鸟也会歇止在树枝上,静悄悄的闻法;乃至地上爬行的兽类,也会静下来听经。

一日,一位老公公也来到讲经会场,他拄杖而立渐渐听得入神,遂将全身的力量依附在拐杖上,刚好有只蟾蜍也来听法,老公公的拐杖正好压在它的背上。由于蟾蜍也听得全神贯注,浑然忘我,所以并不感觉背上的重量愈来愈难负荷,终于,在讲经会中,蟾蜍被压死了。往生后的蟾蜍,立地化生为天人,他很感恩成就这个福报的蟾蜍前身,于是来到蟾蜍的遗体面前,对着它恭敬礼拜。

　　这个故事说明听闻佛法应虔诚、敬重，以成就信心。所谓"信为道源功德母，长养一切诸善根"，信心，是学佛者最重要的课程，信心与道心无法分开，学佛必须具足信心，才能培养道心；有了道心，才能开启爱心，发挥造福人群的功能。

两百岁出家的老人

净心守志，可会至道，

譬如磨镜，垢去明存。

佛在世时，一次行脚到王舍城竹林精舍。那天精舍里聚集了很多比丘弟子，佛陀在开示说道时，忽然间，外面传来一阵嘈杂的声音。佛陀就对阿难说："你去外面看一下，到底外面的声音是怎么回事？"

阿难出去后，看到一位很老的老人家，一问之下竟有两百岁了。这位两百岁的老人家，驼背得很严重，挂着一根拐杖，站在精舍外面一直吵着要见佛陀一面。外面的人阻止他，告诉他："佛陀正在讲经，您老人家重听，佛陀讲经您听不懂，而且您走路那么不方便，现在进去会引起骚动。"但是这位老人还是一直要求，他说："我的年纪已经这么大了，我今天没见到佛陀，就再也没有机会了。"

阿难就把这件事禀告佛陀。佛陀听了慈悲的说:"赶快扶老人家进来。"阿难就很恭敬地扶着老人家进来见佛。老人驼着背,挂着拐杖,慢慢走到佛陀座前,他见到佛陀很高兴,泪流满面,跪在佛陀面前一直叩拜磕头。

佛陀就问:"老人家,你几岁了?"这位老人伸手比出两个指头,手还一边颤抖个不停,原来老人已经两百岁了。佛陀说:"你年纪这么大了,有什么事情要找我呢?"老人家悲苦的说:"我到底是造了什么业,为什么要活这么久? 死也死不了,从年幼一直到现在都是那么贫穷困苦,受尽了风霜折磨。怎么样才能解脱? 生死事大,我要怎么样改变自己的命运? 我活得这么久,家人都离我而去了。"

佛陀告诉他说:"老人家,你知道吗? 一切都是因缘啊! 你在过去生中,本来是一位很富有的人,只是你的心很执著,嗜财如命,有贫穷的人向你乞讨,你总是分毫不舍,忍心看着穷人受苦而不救。就是因为你前世悭贪,所以今生虽然长寿,却在生活中受尽折磨。"

老人听了猛然醒觉:"原来如此! 我相信佛陀所说的因果,如今对于这么多的坎坷磨难,我已经心甘情愿接受。"

接着,老人又说:"佛陀啊! 我想请求您收我为弟子,让我尽此一生诚心忏悔,希望来生在年少时就能听闻佛法,顺利依止佛陀的教法修行。"佛陀微笑回答:"修行当然不分年龄大小,年轻人能修行,老人也能修行。但是你要发愿舍去悭贪,培养喜舍之心,从今以后以至来生来世广结善缘,度苦解难。"

老人虔诚的双手合十:"佛陀啊!我一定依教奉行。"就在那一天,佛陀为他圆顶,成为两百岁出家的老比丘。

地藏菩萨孝亲的故事

应有世界,所有地狱及三恶道诸罪苦众生,

誓愿救拔,令离地狱恶趣、畜生、饿鬼等,

如是罪报等人尽成佛竟,我然后方成正觉。

　　七月是吉祥月,也是感恩月,从《地藏经》的内容即可感受到这种意境。佛陀行将入涅槃之际,思及尚未报答母恩,所以在四月十五日到七月十五日结夏安居期间,到忉利天去为母亲说法,讲出了这部地藏经。

　　地藏经的第一品就讲到有位长者子,因见到"狮子奋迅具足万行如来"的千福庄严,因而发愿尽未来际广度一切众生。接着是婆罗门女的母亲往生了,她知道母亲平常好杀生,甚至毁谤三宝,这种业报很可能会堕入地狱! 为此她很烦恼,于是决定为母亲布施种福,广结善缘,她又很虔诚到寺庙里跪求,希望母亲能早日脱离苦难。

　　当时寺院里有一尊非常庄严的佛像,那是"觉华定自在王如来"。虽然只是见到佛像,但是婆罗门女仍然非常恭敬的礼拜,她一直担心母亲不知流落何方,又无处可问,因此泪涟涟的跪在地上仰望佛像,口中说道:"佛啊!您的名号是觉华定自在王如来,'觉'者,无所不知,您肯定知道一切众生造作的业感报应,如果您还住世的话,我就可以向您请教母亲的去处,可惜……"

她虔诚悲切地祈求,忽然听到空中有声音回应,她很惊诧:"请问是何方神佛的声音?"空中之声又说:"我就是你在礼拜的觉华定自在王如来,因为你对母亲非常孝顺,又至心恳切的祈求,所以我要回答你的问题。"婆罗门女十分激动,以致扑拜昏倒在地,周围的人赶紧把她扶起来,醒来后,她还是很悲切的祈求指引。

当时觉华定自在王如来就指示:"你回家后只要一心默念我的名号,即可知道母亲的去处。"她回家后依照佛的指示,一天一夜之中接续不断的虔诚默念佛名,在不知不觉中,她似乎到了一个海水涌沸的地方,看到很多罪人,还有很多青面獠牙的夜叉,手拿着各种武器在追逐罪人。鬼卒们追逐扑打,使得罪人跌入海里,此外还有铁狗、铁蛇追逐罪人,眼前所见都是非常恐怖的形态。

眼见这些令人怖畏的景象,她还是一心念佛。那时有一位名叫无毒的鬼王出现了,他向婆罗门女双手合十问道:"圣女,请问您到这里来做什么呢?"婆罗门女就问鬼王这是什么地方？鬼王说:"这里是大铁围山西面的第一重大海,后面还有第二重、第三重海,三海之内就是大地狱,所有的罪人都要经过这一重海,进去以后一层比一层恐怖,治罪的刑具也愈可怕。"

婆罗门女再问:"哪一种人才会来到这里呢?"无毒鬼王说:"有两种人。第一种是乘着威神之力而来,比如大菩萨即可来去自如;另一种是受业力牵引的罪人,因为在生时造作恶业,生命结束后就会受业力牵引来到地狱受报。"

婆罗门女很着急的问:"那么我的母亲到哪里去了呢?"无毒鬼王就说:"您的母亲在世时曾造了什么业呢?"婆罗门女回答:"我的母亲好杀生而且又毁谤三宝,其他无善可言。"无毒鬼王又问:"您的母亲是什么名字?"她说:"我的母亲属婆罗门种,名叫悦帝利。"无毒鬼王随即合掌说:"悦帝利罪女已生天三日了,因为你的孝亲之行,为她布施造福,所以她已承福生天了,而且同时所有受罪之人也都生天了。"

婆罗门女听了非常欢喜,然后就醒过来了。她赶紧来到佛前感谢佛的指引,并且发愿说:"若是母亲能够永得安乐解脱,我发愿尽未来际要度尽一切苦难众生!"

这是地藏经中的一段经文,婆罗门女即地藏菩萨的前身,她本着一番孝思为母亲造福,广修供养,救济布施,并且发愿要广度众生,这都是因感念母亲的深恩而发的大愿。

平常人通常只为自己发愿,发愿之后往往又不了了之。而地藏菩萨在因地时不断的身体力行,也不断的发愿,而且他所发的愿都是大愿大爱,要度尽一切众生,所以一项完成之后,更发尽未来际无穷的心愿。可见利益众生、发心发愿,是菩萨无时无刻之立志,这就是我们所要学的,并且时时要有感恩心,有感恩心则时时吉祥。

我们若想成佛,一定要先学习菩萨的大愿,人人若有像菩萨一样的大愿,我们的社会一定会很祥和。人人彼此都能造福,造福的人群当然就构成祥和的社会,而这都源自于一念感恩心,因此学佛者必定要时时保有感恩心。

释迦族灭国之因

一切皆无常,必有败坏事;

合会必有离,有命皆必死;

随所做事业,若善若不善;

一切有生者,命皆不久住。

　　慈济医院有几位护理同仁,想为铜门村山崩遭活埋的人举行念佛会,念佛回向给罹难者。俗语说:"公修公得,婆修婆得。"功德和修行一样,主要还是得靠自己啊!

　　在佛陀本生经里有这段记述:佛在过去生里发了大愿,也种过很多善因,他的福慧具足,所以能够修道成佛化导众生的心。不过,虽然他已具有大福慧,但是仍然有头痛症。有一天,舍利弗以此请问佛陀:"世尊是天人师,已经超越三界,为什么还会有身体病痛的业报呢?"

　　佛陀即为弟子们说了一段故事——

　　很久以前,有一个村子因为干旱多年,地面上的作物无法生长,必须从很远的地方运输粮食。那时一斤黄金才能换到一斤米,粮食非常缺乏,较贫困的人无钱买米,因为饿得受不了,只好到坟场捡死人的白骨,洗净煮了拿来充饥,那是多么凄惨的旱灾! 饿死的人不在少数。

那时,有一群人住在一个大池塘边,池塘里有很多鱼,这群人就围住池塘,不让其他人进入,他们依靠池塘里的鱼,勉强维持着生活。有一天,村里的人跑到池里捕鱼,鱼儿被网上来,有大的、有小的,等开了网,里头的鱼拼命的跳跃,做着垂死挣扎。旁边有个四岁的孩子,看到有那么多鱼在那儿挣扎乱跳,他觉得很有趣,随手拿了根小竹枝往鱼的头上敲,鱼跳起来,他就敲一下,乐得直拍手。

当时,有两条较大的鱼就怨怒的互相对话:"人生活在陆上,鱼在水中,根本可以互不侵犯,为什么人类要来侵犯鱼界的众生呢? 我们不犯人类,而人类竟然把我们抓上陆地,让我们呼吸困难,又要遭受煎炸、粉身碎骨之苦,这样的仇恨,将来一定要报!"

佛陀说:"大家知道吗? 过去无量劫前,因为有这种恩怨,所以将来迦毗罗卫国会被两个人消灭,一个是毗琉璃王,另一个是两舌的梵志,这位梵志唆使毗琉璃王,因此发动大军灭了释迦族。"

"那时的两条大鱼就是现在的毗琉璃王和两舌梵志,迦毗罗卫国所有的人，就是当时村子里的捕鱼人。当时那个见杀欢喜的孩童，看到鱼被抓起来高兴得拍手欢呼，又因为好玩敲打鱼头，所以惹来头痛的毛病，那个孩童就是我！"

佛陀已万德圆满，也还有余业要受报，要等到果报尽了，业才会消啊！佛陀是如此，更何况我们凡夫，若说我们念佛就能把功德回向给他人，这实在还差得很远。但是，护理同仁们因同情罹难者的遭遇而虔诚念佛，这是因为罹难者的示现而启发人们的爱心，所以成就了引人为善的功德，这倒是真的。

修道人与水鬼

应行善行，勿行恶行；

行善法者，此世来世，皆得安乐。

我们学佛，应该知道"为善得福，为恶得祸"的因果关系。所以，不只是自己要注意言行、天天积善，更要注意避免产生恶念而造了恶业。同时，若是看到别人为善，我们要随喜赞叹，这也是随喜功德。

假使看到别人行恶，我们更要用心，善巧的去劝导，让他远离恶业而向善，这也是我们的本分事。如果我们知恶而去做，或是知道别人做恶而不去劝导，这就不对了！

佛经里有一段故事，能让我们作为警惕——离舍卫国城外三十里处，有一位修道人，他每天都得进城去化缘，作为生活的资粮。另外在城内，有位从事杀猪卖肉的生意人，虽然做的是杀生的生意，却也十分乐善好施，而且对这位修道人特别投缘，每次修道人到城里来,这位生意人就殷勤供养,甚至给他很多的日用品和食品,让这位修道人每次都满载而归。

这位生意人已经上了年纪,当无常来临时,就一命呜呼往生了。往生之后,他堕落在恒河水边成为鬼身,时时遭受空中降下的铁刀铁铃所伤,那铁刀铁铃就像雪片般不断下降,刺得他全身千疮百孔,痛苦不堪。

他心中一直怀恨着,他想:"以前我经常乐善布施,为什么会落得这样的下场呢?"后来自己悟到可能是杀业所致,于是又想:"我对那位修道人的供养是有求必应,他明明知道我杀生卖肉是造恶业,为什么一直都没有告诉我? 让我做错事后还不知道有错,也不知道要改过。"因此,他恨极了这位修道人。

有一天,这位修道者乘坐一条满载客人的船只,要渡过恒河。当船只行到河中央,这个水鬼就现出半个身子,用力的拉扯船只,想要让这条船翻覆。船上的人吓得惊慌惨叫,眼看着船就要沉了。

这时,船上有一位贤者,看到水鬼如此凶恶,就问他说:"你为什么拉住这条船不肯放? 我们和你有什么过节呢?"水鬼露出凶恶阴森的目光,指着那位修道人说:"就是他,就是这个修道人,我在生时虔诚的供养他,他有求、我必应,而他明知道我做了错事,竟然不肯指示我,一点也没有法的布施,令我死后堕入鬼身,受着这么大的痛苦。因此我恨！我一定要把他拖下水来,无论如何我要打翻这条船。"

这位贤人很冷静的说:"你看看自己,你在生时杀猪卖肉,现在就要受到这么大的业报,堕为鬼身受尽痛苦。到了这个时候你还怀着恨心,要害这位修道人,你想,这样你的业还会加重多少？何况船上还有这么多无辜的人,假如再被你害死了,那你所受的痛苦不知道还要多久啊！既然已经知道造恶会招祸,怎么不赶快改过来呢？解开你的恶念吧！解开恨意,你就可以立即解脱了。"

水鬼听了,冷静下来想一想:"是啊！我不该冤冤相报,不该怀恨他没有指点我,一切皆有业,我应该好好承受过去错误所结的果报,不要再害人了。"水鬼想通之后,他双手合掌,起了一分惭愧忏悔的心,一时心中的恨和怨都消除了。也就在刹那之间,他转了鬼身,飘飘然的离开恒河边,得到解脱了。

这个小故事,无非是在启示我们:学佛要知道什么是善,善的事要赶快做;也要知道什么是恶,恶念必须小心防范。此外,这个故事也教示我们:不只是自己要行善,看到别人为善也要随喜,假如看到他人造恶时,则必须用心劝导,这才是我们的本分事。

还有,既然知道错了,就不要再造错误的业。知错之后就应立即改过,不要怨恨别人,把恨的恶念消除掉,业就容易消除。总之,善恶还是在我们的一念心,要怎样修正自己的言行,怎样保护众生,使之避免错误的观念和行为,这都是我们的责任。学佛没有其他,就是"守护一念心",所以,还是要多用心!

饿鬼与天人

诸恶莫做，众善奉行；

自净其意，是诸佛教。

人生为善最美，恶则丑陋，以善念行事的人，让人看了就会觉得很可爱，可爱即是乐受，不可爱即是苦受。彼此相见有欢喜心，就会相处得很祥和，假使心怀不善，让人看了不欢喜，与人相处必定感到痛苦。

何谓善？简单的说，有付出之心和行动，就是善念的发挥，佛陀在世时也是教人要体念众生，怜悯悲苦之人。

佛陀时代有一则故事——当时，佛陀在祇树给孤独园讲经，有一位很年轻的长者子常常去听经，他觉得佛陀的教育既实在又很有智慧，因此一心向道。可是，家里的老母亲却很不高兴，不喜欢儿子常去亲近佛陀，但是她非常疼爱儿子，所以也不忍心禁止儿子去闻法。

有一天,长者子向母亲提出要求:"我想出家为沙门!"他的母亲哪里能接受呢? 于是对他说:"我还在世时,绝对不许你出家,而且这段时间你要认真做生意,不可以分散心思,要赚很多钱才行,等我阖眼之后,要修行才由得你去。现在你不可以再亲近佛陀,只要一心一意赚钱就可以了。"

长者子很孝顺,不得已只好答应老母亲的要求,顺着她的意思去做。他日日夜夜都专心于赚钱的贸易,但是赚来的钱母亲都舍不得花用,有沙门来托钵她也不肯布施,有时甚至大声辱骂出家人。若是乞丐来到门口,她就叫人打走乞丐,总之非常悭贪,没有一点儿施舍心。

她把儿子赚的钱换作金银,埋在房子四周,尽管儿子赚再多的钱,她总是说不够用,这样经过很多年,她终于一病不起而往生了。老母亲往生后,长者子就到僧团出家修行。

长者子出家后跟随在佛陀的身边十年。他非常用心的接受教法,后来,他找到一个清静之地,就向佛陀请求到那里筑草屋静修,佛陀答应了他的请求。

有一天,草屋外面来了一位衣着褴褛、蓬头垢面的女人,全身像被火烧过一样非常丑陋,她向着草屋里一直跪拜,啼哭不止。修行者出来问她说:"你从哪里来? 为何这般模样? 又为何啼哭?"她说:"尊者,还认得我吧? 二十年前我是你的母亲,因为我悭贪、嫉妒,又阻碍你去修行,世间的恶业无所不做,所以死后堕入饿鬼道,受尽了种种苦楚煎熬。现在若想要解脱我的苦难,唯有仗着尊者您的力量啊!"

修行者听了心里非常悲苦,没想到自己出家那么久,而母亲却在饿鬼道里受苦,他问道:"我要如何才能救您?"她说:"我生前把金银都藏在房子周围的地窖中,请您将我所有的东西拿去布施造福,施给贫困急难的众生,或供养有道的修行人,我才能解脱。"

于是,修行者照着母亲所说的话去做,举行了一次无遮大法会,把地窖里所有的金银换成粮食、物品,于四十九日内,凡是饥饿、贫困的人来了,一律有求必应,就把所有的家产完全布施出去。

法会圆满的那天晚上,他的母亲穿着一套洁净的白衣来到尊者面前,向他叩头道谢,感谢尊者为她造福,让她得以免除地狱、饿鬼之苦,而且托儿子修行之福,已可往生善处了!

故事中的长者子出家修行,他的母亲是否就能因而解脱呢?如果没有布施造福,一样无法转变业力啊! 平时我们要鼓励别人行善修慧,自己更要做个模范,能够以爱心无所求的付出,这样的人必然能够得到解脱。

多欲为苦

生死疲劳,从贪欲起;
少欲无为,身心自在。

人的生活若离开了爱,人生就像是冬天的冰雪;但是,如果把爱用于贪爱或私爱,那就像炉炭中的热火,容易毁灭自己、破坏家庭,甚至会扰乱社会秩序。

记得一则民间故事:有一个住在山区的家庭,以农牧维生。这家的主人从小就很勤俭,很认真的工作,他以经营山地及田地为生,妻子儿女也跟着他克勤克俭,辛勤劳作。因为他们以勤俭起家,所以尽管农作物很丰富,也有一群羊可以出售,但是自家人都舍不得享用。

主人年纪大了之后,渐渐的会想:"自己养了一大群羊,却从来不曾吃过羊肉……"又想:平时都教育孩子们要储蓄,采收的农作物要尽量出售,养的牲畜也尽量出售赚钱,不要自己享用。

这是从孩子还很小时就给他们的观念，所以他们三餐的菜都很简单、很清淡。

但是，现在他动了想吃羊肉的念头，很想杀一只羊来吃，可是没有理由啊！又怕破例之后，孩子们会变得浪费、奢侈。他的内心很矛盾，但是看到羊又有想吃肉的念头，这分贪吃的念头就一天天旺盛起来。

有一天，老主人看到屋角边有一棵很大的树，他灵机一动，就在要开饭的时候，对太太和子女说："我昨天做了一个梦，梦见树神告诉我说：我们的农作物会这么丰收，牲畜顺利生长，这都是得力于树神的照顾，它希望我们每个月都杀一只羊来祭拜它。"

儿子和太太听了也觉得蛮有道理，做父亲的从年轻努力到现在，农作物年年丰收，确实很有可能是得自树神的保佑，现在杀羊祭拜答谢树神也是应该的。于是从那时开始，他们每个月一定杀一只羊来祭拜。

过了多年之后，老主人身体欠安，一病不起了。那时，每次他眼睛一闭上，就觉得好像有一群羊在他脑海里乱窜，甚至在他内心还有一个心结，他觉得自己欺骗了家人，心里一直有着罪恶感。当他因病重而痛彻心腑时，哀叫的声音就像羊的叫声，但是，家人只担心他的身体，却无法体会他的心境。

终于在很痛苦挣扎的情形之下，老主人往生了。儿子料理父亲的后事之后，有一天晚上梦见父亲很落魄、很悲凄的对他说："我欺骗了你们，现在我已不由自主的堕入畜生道了。"儿子醒来后，把头摇晃了一阵，心想："不可能，这是梦，不是真的吧？"

在他父亲往生后，他们每个月仍照例杀一只羊祭拜。有一天，他到羊圈中牵出一只羊准备宰杀，这只羊哀哀啼叫，一副非常惊恐的样子，但是，儿子也不知道它在叫什么，而且这只羊一直不肯走，他就更用力的拉它。

那时，有一位出家人经过这里，看到那只羊很挣扎。出家人就说："年轻人，不要再强拉了，停一停吧。你想想，人生相残无了时，尤其人畜之间是互相轮回的啊！说不定这头羊正是你的父亲，请先静下来，看清楚一点。"

做儿子的听出家人这么一说，他心头一震，真的静下心来看着这头羊的脸，看到羊在流泪，那神情就像梦中父亲的模样。他忍不住搂着这头羊，叫着："父亲，苦了你了！"

这头羊是不是他父亲所转生的？我们不知道。但是，可以想见那位老主人临终时，确实是很懊恼、后悔与挣扎——一来，他满脑子都是羊群的影子；再者，内心对欺骗妻子儿女的行为深感不安。他利用树神作为借口，每个月杀生，这是一时的口欲之贪，因贪吃犯了欺诈之事，而且造了杀生的祸端。

可见贪欲之害,大则影响整个家庭、整个社会,小则造成自己身心的遗憾。所以,我们平常要多用心,时时刻刻照顾好自己的心,让内心时时坦然,时时清净,不要让一时的私欲污染了自己的心。

守财奴转世为乞儿

天堂最乐，教弟子众善奉行；

地狱最苦，劝众生诸恶莫做。

学佛，要心念专精，不能有散心杂念，因为一切都由一念心起，一念懈怠，就会带来终生遗憾。所以，学佛最重要的是：顾好这念精进的心。

佛经中有一段故事——

一次，佛陀在迦毗罗卫国讲法时，城里有一位长者，简直就是视财如命的守财奴，每当他看到出家人来托钵，就赶紧把门关上，不愿意布施供僧，对于乞丐去也是闭门拒绝。当长者年迈时，就对儿子不断叮咛："我现在要把家产交给你，你要守好，不可轻易布施。"交代后没多久他就往生了。

另外在城外有户贫困人家，家中的孕妇即将临盆。当她腹痛挣扎时，先生却无奈的说："我每天到处乞食和工作，还是无法维持生活,眼看又要多一口人,我怎么养得起这个家呢?我决定离开你们。"于是无情的抛下痛苦挣扎的太太。

先生离开后,这位太太生了一个男孩。很不幸的,孩子生下来就是个瞎子,不过母亲并不嫌弃他,两人相依为命。

一直到孩子七岁了,妈妈仍然每天带着孩子去乞食。有一天,妈妈病得很重,只好让孩子独自出门。孰料,平常由妈妈带着还有人同情,现在妈妈病了,就没有人同情这个孩子了,其他小孩还向他扔石头,大人也用竹子鞭打他,不知为何,大家都很讨厌这盲眼的乞儿。

乞讨不成他就回去了。回家后,他向妈妈哭诉:"我没有乞到食物,大家都欺负我,大人打我,小孩向我丢石头,我无法带回食物给妈妈吃。"母子俩相拥而泣,一连几天都只靠喝水勉强维持生命,等妈妈的病好了一点,儿子就扶着妈妈再去乞食。

他们走到城里一间大房子前面,母亲心想:屋子的主人一定是有钱人,有钱人分一两碗饭给乞丐算不了什么吧!所以就向这户人家乞讨。谁知主人曾对看门人说:"不要让乞丐靠近门口,乞丐来了就赶出去。"看门的人一见到这对母子,立刻呼喝着驱离他们。

乞丐妈妈苦苦哀求:"我们已经几天没吃饭了,我的孩子还这么小,求求你给我一碗饭。"孩子也一直说:"求求你!求求你,哪怕只是半碗稀饭也可以。"此时主人出来骂道:"你们怎么可以站在我家门口,赶快离开! 出去!"但是他们母子俩仍然缠着不走,主人就叫人殴打他们,打得孩子头破血流,母亲也被推倒在地上。

那时,有位出家修行者经过这里,赶紧上前阻止,并且开口说道:"好了,好了! 不能打了,世间哪有这么不孝的人? 父亲赚钱让儿子享受,儿子竟然还出手打父亲,这真是因果,忤逆不仁啊!"

有钱人听了觉得很奇怪:"什么时候我忤逆打父亲? 父亲已经死了好多年了。"修行者说:"因果不昧,这孩子前世是你的父亲,因为在世时刻薄悭贪,守财如命,所以死后投生在贫穷苦难的家庭。他赚了那么多钱让你享用,你竟然连一碗饭都不愿施舍,这难道不是不仁不义吗?"

有钱人无论如何就是不相信修行者所说的话。修行者忽然现出菩萨相,这位有钱人才马上跪下求忏悔。

看看这位长者,在世时没有一点仁爱心,舍身后即随业受报,转生在贫穷人家,变成眼盲的乞儿,人见人厌,这都是因果啊! 这也是懈怠堕落之例。所以,做人最重要的是精进,孝顺父母不能等;行善、布施也要及时,好缘现前若不好好把握,因缘失去了,跟着就是恶缘现前。

我们要能惜缘、惜福并造福,孝顺与为善都是在惜福、惜缘中成就。

守财狗的启示

往昔所造诸恶业，皆由无始贪瞋痴；

从身语意之所生，一切我今皆忏悔。

一个人是内向或外向，皆是缘于个人心念的习气。外向的人，心思、精神总是往外奔驰，身体因而受心念意识所指挥，不由自主的往外跑。习气总是随着过去生的业而来，佛陀关心众生的心念，常常提起前生的事例作为教材，有一则守财狗的故事，很可以作为我们的借镜。

有一次，佛陀从输迦长者门前经过时，见到长者宠爱的狗坐在大厅旁的躺椅上。这张椅子大家都不可以坐，是这只倍受宠爱的狗用餐的位置，狗儿每次都会在这张椅子上等着主人，用很漂亮的碗装着上等的食物喂它。

这天佛陀经过时，这只狗就从椅子上跳下来，凶狠的对着佛陀狂吠。佛陀不急不徐的对着狗说："你就是贪瞋痴的习气不除,过去生这样,现在还是这样!"然后就转身离去。

　　狗听了佛陀的话后,闷闷不乐的趴在地上,一动也不动。不多久输迦长者回来了,见到狗一反常态,没有以前见到他的欢喜,连主人叫它,它也不理,还露出很不高兴的表情,就马上问仆人这是怎么回事?仆人说:"我们也不知道,刚才佛陀和它说了一些话之后,它就变成这样了。"

　　知道事情的经过后,因为爱狗心切,输迦长者就马上去找佛陀:"佛啊!您那么慈悲,但为什么却来骂我的狗,使得它闷闷不乐呢?"

　　佛陀就说:"你那么关心这只狗,是因为它原是你的父亲,所以你关心它,它喜欢你,这是很正常的事情。"输迦长者听后心中生疑,就说:"狗怎么可能是我的父亲,除非您能证明。"

　　佛陀于是说:"这很容易!你的父亲生前就有守财执著的习气,在你小时候,他怕财产失落,在家里埋藏了一些金银财物,就是因为执著这个念头,死了以后还是不放心那些金银财宝,所以投入母狗胎内再到你家。这只狗一出生就特别爱你,而且它从不离开每天所坐的地方,你如果不相信,可以回去问它:过去所埋藏的财物在哪里?"

　　长者回家后,半信半疑的问这只狗说:"你若真是我的父亲,就带我去你隐藏财物的地方。"结果,这只狗马上从躺椅上跳下来,在椅子底下不停的闻嗅,然后用爪子一直扒抓。长者看到狗的举动,就叫工人移开椅子往地下挖,掘了一尺多深,果真发现许多的瓮,里面装着金、银、财物,还有珠宝箱。

长者挖出这些东西时,不禁泪流满面的说:"可怕呀!心念的执著实在可怕,父亲为了守这些财物,往生后因这一念心的牵引,竟投生为一只守财狗,真是可怜、可悲又可怕!"

所以,人若不控制好心念,一旦执著心深植,习气不只在今生,还要带到来生。执著、爱染就像一条绳索,贪念就像一条锁链,学佛就是要自我训练,要洗除染著的习气,锻炼出自我超越的定心。

乞讨芥菜籽

人从爱欲生忧,从忧生怖;

若离于爱,何忧何怖?

人生最尊贵的就是生命,尽管大家明明知道,有生必有死,但要看开生死却还是不容易。

佛陀在世时,有一位母亲因为孩子一出生没多久就往生了,所以痛不欲生,乃至发狂。她抱着孩子到处去求,希望孩子可以再复活,最后求到了佛陀面前,佛陀看到这位母亲已经无法冷静了,只好告诉她:"你的孩子能救活,但是你要先去付出、尽心。"

她听到佛陀这样说,心中燃起一丝希望,不论是怎样的付出,怎样的尽心,她都愿意。佛陀就说:"那么你去向从来没有死过人的家庭讨芥菜子。"芥菜子在印度是很普遍的,所以这位已经发狂的母亲听到这样,就把孩子放在佛陀面前,挨家挨户去找芥菜子。

在讨芥菜子之前,她就先问:"请问你的家庭有死过人吗?"结果,芥菜子家家都有,只是家中从来没有人往生的,怎么找都找不到。

从日出一直到日落,她双手空空,带着非常惨淡的心情,来到佛陀面前。佛陀很慈祥地问:"有没有找到呢?"这位母亲悲伤的回答:"芥菜子家家都有,只是找不到不曾死过人的家庭。"佛陀就说:"人生有生必有死,生命无常,没有长短的固定。因缘来人间,因缘而消散,何必苦苦追求呢?"她听到佛陀慈祥而沉静的开导,心就静下来了,终于明白生命是无法强求的。既然人已经往生,不放弃也无奈。

是啊! 人的生命到了尽头,不放弃也是无奈。世间的人生,不也都是这样吗? 哪个人能忍受最亲、最爱的人永远离开? 生、离、死、别,这就是凡夫的世间,实在是难得堪忍,真的是苦不堪言!

"贪生畏死"是人之常情,只是"人生自古谁无死"? 我们从来没有听过"保命畏死"的人就不会死,只一味想保护自己的生命,难道就有长生不死的人吗? 完全没有。所以说生死是很自然的。

不过现在的人,大家都很爱惜生命,讲究享受、讲究营养,讲究很多很多。为什么讲究这么多呢? 一句话,"保养身体"。为了保养身体而讲究种种,却不知道已空过了人生,这个人生随着分秒时日,不断消失。我们若能觉悟,生命是随着分秒时日消逝而抹灭的话,就会知道要利用生命,在人间多造福业,多修慧命。

什么叫做福业?利益人群,功益社会即是。这在现代名词叫做福祉,也就是造福地方。

我们难得人生,既然有了人生,就应该要尽人生的意义,否则生命虽然很有价值,但没有好好运用,也就没有价值可言。况且,我们若没有好好尽人生的义务,这样跟一般的众生有何差别呢?人乃是万物之灵,我们如不懂得去付出,去爱护其他的生命,我们的生命就跟一般的动物差不了多少。

我们要爱护一切众生,何况是人类自己。人与人之间,如果不能互相扶持、不能造福别人,生命又有什么意义呢?佛陀来到人间,他可以享尽荣华富贵,可以享受家庭亲情幸福,但是他放弃了地位、权益、荣华、富贵、亲情,放弃了所有的一切来修行,就是为了要将慧命延长,用这分觉悟的智慧,利用这一生的人身来福利更多人,开启人人心灵的智慧,这就是佛陀来到人间、生命的价值观。

既有生,必有死,在生死之间,能仔细思考如何付出更多,帮助更多的人,这就是佛陀的理念。我们都是佛的弟子,也应该要好好的思考我们生命的价值观。

而做人,就是要为众生负起责任,所以出家就是要荷担如来的家业,将佛陀的精神,广宣为众人皆知,引导人人走上这条康庄大道,这就是生命的价值。不论是为人群付出,或者是为道业精进,时间都照样会消逝,所以我们必定要把握生命、分秒必争。我常常说,生命没有所有权,哪怕它最尊贵,无常一来,呼吸一停,万事皆休。

既然没有所有权,还有什么好保护的呢? 我们应该要好好把握的是人生的使用权,有一秒就用一秒;有一天就用一天;有一年用一年。我们若能透彻了解生命的价值,有朝一日,在生死的关头,能够安心,懂得放下,就不会有生死挣扎的痛苦。

学佛,就是要学得自在;学佛,就是要学习放得下,但是要会把握生命、尽人生的责任,这才是真正学佛者的本分。所以说"人生自古谁无死",生与死这么自然,最重要的就是要把握生死之间,不论有多少时间,若能好好运用,生命虽然消逝了,但是能"留得慧命在人间"。

"悲智力行菩萨道,弃命必死并不难",修行最重要的是要有悲智。悲,就是慈悲,不只是照顾自己,也能照顾到别人,人伤我痛,人苦我悲,这就是因为众生都是生命共同体;智,就是智慧,除了把大地众生,当成自己生生不息的生命,我们还要发挥智慧精进,这种的慧命,唯有我们自己能守护。

其实,身体如何利用其存在的价值,我想这是很重要的,所以我们必定要"悲智力行菩萨道",以慈悲、智慧的力量,好好去推行菩萨道,如果能这样,"弃命必死并不难";当生命将尽时,我们要把一切放下,就不会觉得很困难了。诸位,我们要时时念无常,有了无常观,才能精进,选择了佛陀智慧的康庄大道,就要不息地向前精进。

草露风霜闪电光

草露风霜闪电光，堪叹人生不久长，

有生有死皆有命，无来无去亦无生。

花莲慈济医院曾经有这么一个个案：有位工人在工作时，忽然间遭到电击，被送来急诊室急救，抢救了三十分钟，结果还是回天乏术。

这位工人只有二十一二岁，他的生命过程不就正像这首偈文，短暂得如昙花一现，真似草露风霜，又像电光一闪即逝。看看春天草尖上的露水，在太阳未出来以前是那么透明、美丽，可是太阳一出来，露水就被蒸干了。到了冬天，霜雪覆盖的大地一片洁白清丽，但是春来雪融，一下子也是无影无踪。夏天的风，更是来去匆匆呢！

人生，相对于宇宙洪流，真的比闪光还要短暂，难怪说"堪叹人生不久长"啊！

佛教徒在学佛的过程中，一定要先明了"有生有死皆有命"，既来人间，就要觉悟终会有死的一天。到底生与死这之间有多长呢？一切皆有命啊！要看我们在人间的缘有多少？人生的业有多少？缘如果尽了，业如果结束了，就要离开了。

若单就人的范围来看，寿命长的很长，几十年、甚至百年；短的很短，几小时、几天或几个月，像这位年轻人，他的人生只有二十一二年。生命的长与短，就是我们来世间的缘与业。有的人来到世间，一辈子享福，福享尽了也就走了；有的人来这世间，受了无穷无尽的苦，折磨了很久的时间，求生不能、求死不得，直到业尽时，同样也得走，这是学佛者应该要了解的。

生命的长短如此，一点都不能勉强。但是，我们一定要守好自己的本分，如果能透彻道理，我们的心就能一片光明、没有烦恼，进而回归于天真的本性。能够彻底了解"无来无去亦无生"这种透彻的境界，不执著于来去，也不执著于生死，随它来、亦随它去，若能如此就是安然自在。

当然要透彻这层高深的境界，就得先守好我们的本分，让我们的心不受烦恼而扰乱，这样就能够平静地透彻道理。

车祸往生的男孩

一切有为法,如梦幻泡影;

如露亦如电,应作如是观。

凡夫内心的感受变化无穷,听到好事就欢喜,见到不好的形态就很生气,有人对未来的前途积虑在心,以致忧愁郁闷、惶恐不安,这些起起落落的念头,无不都是"烦恼"啊!

其实,日常所听、所见、所了解的,不一定是实在的,真真假假、假假真真,只是徒然使心念起伏不定。凡夫常是"认假为真",为了不实的事而虚惊、痛苦、心碎,直到清楚事情的真相后,才知道原来只是一场无谓的烦恼;反之,有时对真实的事物却又起疑,这就是凡夫的毛病。

有一则新闻是这样子的——

一位就读初中的孩子骑车出门,因煞车失灵,不幸撞向山壁,整个颜面撞得粉碎。学校得知消息后,打电话通知他的父母："你们的孩子发生意外了,有同学看到他骑车来学校,又骑车出去,才隔不久竟然在滑坡的地方撞向山壁,伤势很严重。"

这对父母赶到医院时,根本没办法确认亡者是不是自己的儿子,因为脑髓都流出来,脸孔也辨认不出来了,看看这个孩子的体格、穿着和他们的儿子完全一样,两个人当场痛不欲生,尤其是做妈妈的哭得死去活来。

医生向他们宣布孩子已经脑死,那时亲戚们也都来了,讨论的结果,决定把孩子的器官捐赠出去,后来因为是星期日,受捐医院人手不足,直升机也联络不上而放弃了,于是就把遗体送入太平间。这对父母的小女儿随口说着:"这个人不太像哥哥,好像不是!"可是,他的衣服、裤子、体格都很像,尤其那辆脚踏车也是一样的,这对父母便到警察局做了笔录。

天色逐渐昏暗,孩子的阿公在家里,因为孙子突然发生这种意外,整个家庭顿时陷入愁云惨雾。忽然间,孙子却回来了,阿公吓了一大跳,再看仔细些,明明就是他的孙子没错呀!

阿公很惊讶的问他:"你一整天跑到哪里去了?"孙子说:"我到学校后又去打保龄球,在那里待了一天啊!"阿公真是惊喜交集,就在此时他的父母也回来了,一见面,父母惊喜的抱住儿子久久不放,这个孩子却莫名其妙。他在外面轻轻松松过了一天,结果家里的人却为他悲凄痛哭,最后才知道原来是搞错人了。

期间,警察局又接到一对父母去报案,说他们的儿子一大早出门,直到晚上还没回家。听他们说起孩子的长相、特色,很像是那位撞死的孩子,所以警察就请这对父母去认尸。啊!一认才知道,原来是另外这对父母的儿子。

这假假真真之间,让人多烦恼啊!认假为实的,全家人因而痛不欲生。真正发生事故的另一家,在不知情时还心平气和,直到晚上孩子没回来才去报案,再看到儿子时却已面目全非,顿时悲愁痛哭!人生就是在这真与假之间,影响着人们的心绪,引发内心的痛苦和烦恼。

学佛者要习得内心自在,不管什么境界都不能诱引自己的心。有的人常沉溺在喜、怒、哀、乐的情绪中,有些人则是为妄念烦心,看看精神失常或心理不健康的人,原因多数是因"空思妄想"而起,把虚幻不实的事情拿来惊惶、烦恼,盲目的追求等等。像这种心念便会影响自心,心理若不健康,生理也难得健康,可知人生的幸福和修行解脱的关键,无非都在这念心啊!

阎罗殿的一块钱

人随情欲,求于声名,

声名显著,身已故矣!

贪世常名而不学道,枉功劳形。

人生最大的遗憾就是两件事情,一件是该做的而不去做,另一件是不该做而去做,这都是因为欠缺思考。所以每一天早上都应该先思考,今天该做的是什么事?

有一位名人,一次在聚会时朋友告诉他:"人啊! 生死很可怕,我们不知道自己到底能够活多久? 但是往往都是计划着百年大业。这实在是错了,我决定要重新规划我的人生,因为人生无常啊!"

他不太理解,就问:"是什么样的无常? 我也常常听到这个名词,但是很难体会。"

这位朋友就告诉他说:"不久以前,我突然倒地不起,莫名其妙不能呼吸,被送到某家医院急救,当时完全不省人事,但是却做了一场梦。梦里头所在的地方一片黑暗,周围阴森恐怖,后来出现了一道光,光里站着一个人,很威风、脸色非常不好看。我一抬头心里直觉这是阎罗王,就赶快跟他说:'我有很多钱,地位也很崇高,不但有权又有势力,希望你能给我机会,要什么我都可以给你。'

阎罗王就问我:'你想想看在世时,有没有做过什么好事?'

我心想:好事?什么样的好事呢?我想不起来,所以就回答说:'我不知道做过什么好事,但是我有钱。'

阎罗王说:'有钱啊!那就让你交保。'

我很高兴,不管多少钱我都有!但是阎罗王说:'不需要太多,一块钱就可以。'

这还不简单,我赶紧往口袋里掏,但是一直找一直找,就是找不到一块钱。我很着急看看周围的人,好像有曾经认识的人,我赶紧向他们求救:'借我一块钱。'可是大家的表情都很木然。

我又向另外一边的人说:'借我一块钱。'他们也是面无表情。

当我无奈的抬头时,阎罗王很愤怒的说:'你既没有做过好事,让你交保又连一块钱都没有,你真该死。'就在那时,好像很多牛头马面、小鬼、夜叉都一起逼近我。

我吓得醒过来的时候,才发现自己正在生死边缘,很多的医师护士在旁边替我急救。"

当然这位名人的朋友最后活过来了,所以很感慨的说:"人生啊!以为位子高、钱多、名气大才是最好的,但是什么时候突然一口气上不来,就这样到了另一个世界,到时候再有钱、有地位、有权威都没有用。"

这位名人听完这个故事,自己也感触良多,所以对自己的人生也做了改变,决定把握当下,多做一些好事。

一语成谶

善护口业，不讥他过；

善护身业，不失律仪；

善护意业，清净无染。

身、口、意三业要时时注意。身行好事，口说好话，心想好意，尤其要照顾好心念，则世间好事皆能成就。

慈济医院里有一个个案。一位老太太谈起她坎坷的婚姻——她的先生很爱她，但对女色却无法控制，每次花天酒地回来，太太总是伤心哭泣。这位先生看太太哭了也很心疼，就会对太太发誓："我如果再犯，就死在外面！"

下次再犯时，看到太太哭，他又发誓："以后绝对不会了，如果再这样就让大树压死！"又有一次依然故态复萌，他再度发下毒誓说："如果再这样，我坐流笼会摔死。"因为他在山上林班工作，常要坐流笼到山上，所以他就发这样的誓愿。

当然，他不规矩的习惯，并没有因为发下毒誓而改变。有一天他上山时,流笼的绳子突然断了,当时他抱着一棵树,结果流笼掉下去,他就被树压死了。流笼掉了,又被树压死,也真的死在外面,正好如他的誓言!

这就是没有把心照顾好,所以口出恶言,而他也没有守好身业,造了一些不守规矩的事,以致一语成谶。

洒脱自如的阿嬷

我甘愿了，

要去了，

再见！

人，一生病就很苦，身体上的感觉很苦，心灵上的恐惧更苦，因为假如病症没有医好，接着就是一个"死"。

一般人在面对病人时，总是很忌讳提到"死"这个字。但是，愈是逃避愈是恐惧，实在是不智的行为，倒不如面对它，了解它。

有一位日本教授曾经写过一篇很有趣的文章，文中提到一位九十一岁的老阿嬷，她有十一个孩子，一大群孙子，可说是子孙满堂，生活美满。这位阿嬷平常就很知足、很乐观，也很幽默，她疼孩子的方式就是不让孩子担忧，即使后来她病得很严重时，还是尽量不让孩子们忧心。

有一天，病重的她已经呈现弥留状态，奄奄一息，这时医师、子女、孙子都围绕在她身边。她的孩子赶紧请牧师来为老母亲做弥撒。这时,牧师心想还在弥留状态中,应该还有意识,就对她说:"你现在要以虔诚的心跟着我们做弥撒。"说完,大家就开始为她唱圣歌,为她祈祷。

没想到不久之后,阿嬷竟然醒过来了,她告诉牧师说:"谢谢你在这个时候为我祈祷,真的很感谢。我现在有一件事想要请求你们。"大家就问她是什么事?阿嬷说:"我要喝威士忌。"她的子女本来都沉浸在哀伤的气氛中,没想到她竟然醒过来,而且还要求要喝威士忌,愣了一下,其中一位子女就赶快去倒了一杯酒,拿来之后,她又说:"酒很辛辣,你帮我加几块冰块,这样喝起来比较冰凉。"子女又赶快去拿冰块来加进去,她就高高兴兴的把加了冰块的酒喝下去。

酒喝完了她就说:"好舒服,好凉,很好喝。"她意犹未尽的告诉儿子:"点一支烟给我!"她的儿子摇摇头:"医生说你不能抽烟,酒也不能喝。"她说:"死的不是医师,死的是我。"儿子不得已只好点一支烟给她,她一副很陶醉的样子,慢慢抽着烟,抽完了就谢谢大家。然后又对牧师说:"谢谢你为我祈祷,我现在要去天国了,再见!"眼睛才闭上不久,她就安详长眠了。原本哀愁的气氛,在阿嬷的这一段回光返照后,增添了许多趣味,一生幽默的阿嬷,在临终前,还不忘要让子孙们忘却烦恼与哀伤。

她儿子说,老母亲已经九十一岁了,看尽了人生,尤其是亲戚朋友要往生时的难分难舍,让老母亲认为,人生本来就是要走这一趟,何必如此呢？所以她有个心愿,就是当她要离开时,要走得很幽默、很洒脱。她儿子还说,老母亲本来是不抽烟、不喝酒的,甚至还常常教他们不要抽烟,不要喝酒。没想到竟然在她人生最后的路上,要求喝酒、抽烟,可见就是为了要让大家抹去悲愁的气氛,真是一位不忘幽默的阿嬷。在这位阿嬷往生之后,家里的每个人都说:"我们要学得像妈妈。"或是"要学阿嬷,这么洒脱来去自如"。

这让人想起许多年前台湾的一则新闻。有一位七十多岁的老阿嬷往生了,隔天,大家都在为她准备后事,不料,老阿嬷突然醒来说:"你们在做什么?"大家都很惊讶的问:"你怎么醒了?"她说:"我的槟榔还没有吃完。"子孙就赶紧拿槟榔给她,等到槟榔吃完后,她就说:"我甘愿了,要去了,再见!"这也是一个很洒脱的例子。

所以说人生啊！要学"生"与"死",就是要在日常生活中培养这分乐观、自在,在平常就要懂得放下人我是非,这就能来去自如。

第四章：

了悟生死
解脱自在

生·死·箴·言

你可知此身不能久在，何必急急忙忙干些歹事；

我却晓前生皆已注定，只得清清白白做个好人。

　　电影就要散场，灯光慢慢变亮……在忽明忽灭之间，令人不禁有些恍然，不知究竟是才刚进场，等着要欣赏这出"人生"大戏，抑或戏已搬演完毕，即将曲终人散。还留恋着众人欢喜聚集的热闹滋味，不及防的却将挥手告别，各自分道扬镳。

　　站在十字路口，有的人笃定自己的方向，只等着绿灯一亮，就能轻松往下一个目标前进；有的人惶惶不安，东张西望，走了几步又返回来，红灯、绿灯几度转换，他还是站在原地绞着手指，一副不晓得怎么办！还有些人则无视红绿灯的存在，以为：马路是我开,我爱怎么走就怎么走,谁能奈我何?

如果追寻每一个人的脚步,看看他们后来的去向,我们将会发现:一心一志的人,或许前途充满坎坷,但是只要不放弃,终究也有到达理想境界的一日。犹疑不决的人则埋藏了许多未知数,运气好的幸得贵人指引方向,结果总不至于太差;万一误入险道,就不知轮回流转,要被世间险恶诱引到什么地方。

再找找那些一股脑儿向前冲的人,他们又到了哪里? 其实看也不必看,总也是肚破肠流,平白赴了黄泉路。到这时,悔又何用,一根绳子捆了去,哪再容得你横行霸道!

许多不同的宗教均昭然呈现"因果"的观念,如果没有过去,我们无法解释那些似有若无的心有灵犀;如果没有未来,我们的现在也等于是空中楼阁。唯有永不枯竭的希望在心头,我们才能更加珍惜现在,除了周遭的人事物,甚至远方的苦难都能感同身受,因而立愿在短暂的此生中多散发一分美善,多付出一分爱,最后带着自在的爱再到来生,努力达致天下兼美的境界。

"把握当下,恒持刹那",与其蹉跎时日,倒不如提起勇气面对人生的种种考题,每一个考验都是一个最美的人生淬练,不执著生之欢喜,不逃避死之直谏,生命的容颜必当涌泛圆满之光洁。

这个单元收录了证严上人对各类生死命题的剖析,因事显理,以理入事,帮助我们揭开生死的神秘面纱,希望在每一个人生关口,我们都不是那个绞着手指、不知未来的惶惑人。

生死箴言

生与死并不重要，生既已生，烦恼又有何用？

而死既然不可避免，则何妨自然的面对。

⊙有人与上人谈起"生死之间"的问题

上人慈示：孔子曾说"未知生，焉知死"，尚不了解"生"，就想知道"死"这么遥远的事。生之痛苦我们已经忘记了，而死虽令人恐惧，却是人生必经的阶段，其实生死都不重要，也不必太在意。佛教说"生死事大"，在生死之间的这段人生如何做人，日常生活中以何心态面对人群，这才是最重要的。

我常说人生没有所有权，这是"万般带不去"；又说人生只有使用权，此即"唯有业随身"。不论在社会上有何地位、学识，一旦面临死亡，这些都带不走，所带走的仅是这辈子所造的业。

生死并不足惧，重要的是将使用权用在何处？此生能善用身躯，踏实地为人群付出，如此就没有空过人生。佛教有所谓

"法喜充满"，真正的法喜是懂得道理，做到慈悲喜舍，想尽办"法"救人，当人被救后，我们心生欢"喜"，这就叫做"法喜"。

⊙不求生 不求死

有位罹患癌症的师兄，听说有位法师对治疗癌症有妙方，因此前去求教。治癌的法师告诉师兄——你不要求生，而要求死。因为求生有许多管道，吃中药、接受西医治疗或是寻求偏方，反而会使你心乱不知所措。但是求死只有唯一的管道，那就是念佛求往生。所以，你只要一心一意念佛就可以了！

上人慈示：学佛不光是学得求死而已。佛法是很活泼的，我们应该"既不求生，亦不求死"，不把生死放在心上。在病房中常可看到被病痛折磨而求生不得、求死不能的人，因此不管求生或求死，都是相当痛苦。

所以在善用身体使用权的同时，也应注意极限。"信仰佛法绝对不能迷信，并且要取于中道。"如当初佛陀求道时过着极端的苦行生活，以致身体不堪负荷，昏倒于尼连禅河旁，经牧羊女喂予羊乳，精神体力才得以恢复，佛陀因此放弃苦行的生活，采取中道的修行方式。

因此当身体的使用权还能发挥时，要尽量使用，但是也不要超过体力的负荷，还是要好好照顾自己。其实，有些病人并不是因病而死,却是为怕死的心病而提早结束生命。所以,心中不要挂碍患了绝症,只要尽量接受治疗,于"尽人事"之后,就一切"听天命"了。

⊙乘愿再来

有一妇人的幺子突发高烧,送医诊治结果为癌症,隔日便往生了。事出突然,妇人悲恸难抑。

上人慈示:不要一想到他就哭,母子连心,你若想不开就会令他有所挂碍,反而拖累他。若想让他得到解脱自在,就要化悲哀为力量,坚强的祝福他早日乘愿再来。

⊙真孝

有一位会员的公公被人骗出去,用棍棒打击脑部而横死。公公生前待她很好,遭此噩耗,又被诈取一千万元,因而心中忧惶不已,终日以泪洗面,到处求神问卜,愿安公公在天之灵。

上人慈示:事情已经过去,不要耿耿于怀,真正孝顺就不要计较公公留下多少钱。把去庙里抽签拜斗做法会的时间,拿来做真正利益人群的事,这才是"活"的功德。真功德是将报答公公的恩情,布施给更多的人,不要太执著,让人皆大欢喜就是功德,令家人烦恼就是在造业了。

⊙春风送走他

一位失事货机驾驶者的未亡人,请求上人为其解开心结。

上人慈示:他的过世成就你们入善门的因,如此于亡者有益,他的人虽然走了,但留给家属很好的记忆,你们应发愿多做利益人群的事。身体对他而言已经不重要,反而是这分情绑得他很苦。替他念佛,不要一直念他的名字,念名字他会走不开,念佛便如同春风送他往生。

⊙聚散无常

身任慈济委员的公婆,带着日前甫遭丧夫之恸的媳妇,请求上人开导。

上人慈示:世间本来就是因缘聚散,缘聚时大家相会在一起,缘尽时就要分开。站在我们的立场,舍不得是难免的,但对亡者而言,在工地意外坠楼往生,刹那间就走了,可说是做了一场恶梦,梦醒了,就舍此投彼,又换了另外一个人生。他身无痛苦,意无迷乱,走得很潇洒,也算是有福之人!既是学佛的人,不能看透无常、生死,仍然一味为亡者牵肠挂肚,这是不对的。

人生世上,无法知道何时会发生什么事,这就是世间无常。

所以要把握人生,真正为人群付出,做才是我们的所得。

⊙善体亲心

一日志工朝会时间,慈院心莲病房的医师报告几则临终关怀的个案,发人深省。之后,上人针对临终关怀,强调教育病人家属的重要性。

上人慈示:身躯已病,最怕的是心灵也跟着生病。如何辅导家属,使病人能安详往生是很重要的。因为一生为家、为子女辛苦付出,在人生最后自然希望能"落叶归根",这是大多数人的想法,所以要教育子女善体亲心,珍惜相聚因缘。

对待临终的父母,可以说:"请您放心,我们会以您为榜样,好好做人处事,并且善为教育子女。"如此,父母就会走得很安心。如果奋斗一生,临终时,子孙不在身边,在伦理道德上就显得有缺陷。我们应将伦理道德好好保留在人间,因为这种亲子间的互爱、感恩,才是建立温馨家庭与社会的基础。

虽说修行是自在去来,不必挂碍,但在娑婆世界,多数人都有家庭,理当遵循人伦道德,社会才有规范与秩序,全天下如果都是修行人,大家都无小我的挂碍,那就是净土,而不叫世间了。所以,我们需为众生而施教,要辅导家属善待临终病人。

⊙化悲愤为力量

某位官员的爱女在高速公路压死一条狗,两天后爱女竟在高速公路发生车祸而往生,因果来得太快,让他耿耿于怀。另有一位年轻人半月前载家人外出,因车祸致外公丧生、其他人受伤,使他愧悔不已,一闭眼就见到车祸的惨状而无法入睡。两人不约而同地请上人开示。

上人慈示:因果微妙,果报来临时必须欢喜承受,否则会烦恼过去,迷失于未来,更漏失掉现在。切勿逗留在过去的杂念、迷失于未来的妄念中,应把握好当下的人生,讲好话、做好事。

人生如戏,每个人出生时都带着自己的剧本而来,演完了自己的戏分就要鞠躬下台。他的世缘已尽,我们应祝福他,千万不要拖住他,若一味的悲伤不舍,则如绳索系住他一般。舍不得也是去,再烦恼也回不来,父母亲友应转念为其祝福,多念佛祝他早日解脱,千万不要再烦恼、思念,自缚缚人。

⊙剪断已破的风筝

一妇人哭诉着:孩子服役半年后,竟往生了……缘已断,然情未断;因为痛苦已极,曾经想了断自己!

上人慈示:多祝福孩子吧!风筝已破无法回复,就要将线剪断,不要依恋难舍。孩子未生之前,就与父母注定好世间缘,缘有多长就相处多长,缘尽则离。孩子甚是乖巧,不要让他背负不孝之罪,早逝已未能尽孝,如果父母又为他损坏身体,他将更加不孝,这样就算为他做多大的功德也没有用。

天下仍有很多孩子需要你去疼爱。可学习慈济委员的精神,去爱普天下的孩子,如此才能转烦恼为智慧。生命,要用在有价值之处啊!

⊙睁开眼,开始另一个人生

某家医院的院长发现自己得了胃癌,现已蔓延至肝脏,本人不能接受这件事,生活消极。其夫人在他开刀前,特来请求上人为其加持,发愿先生如果开刀顺利,能多活几年,夫妇将来慈济帮忙,并说:"现在若是看到他欢喜,我就欢喜;若是看他吃不下东西,我心里就会很烦恼。"

上人慈示:对于人生,我们要看开、透彻无常的道理,放开心门。生老病死是人生必经的过程,只是寿命的长短不同罢了,所以家属应该看开,并以虔诚的心去发愿,用虔诚的心来祝福他。

业并不是"加持"就会改变,要看自己的心念,所以患者本身要乐观,能看淡生死,心中自然不会那么紧张,常听到人家说"惊死人"(闽南语音),可见很多人都是因为害怕而死的,这对身体的影响真的很大。

家属的陪伴对病人也很重要,要坚强的鼓励患者,人生的意义不在寿命的长短,烦恼惶恐是过一天,轻安也是过一天,为何不让自己每天过得轻安自在呢? 其实若是心情好,体内的造血功能才会好,若是满心烦恼,体内的器官和细胞都会产生变化,所以不要太烦恼。

先生以前当医生时,是病人配合他,现在他当病人就要配合医生。其实生死并不可怕,可怕的是放不下自己,一般人都是很自私的爱自己的身体,怕会失去。其实生死是一件解脱的事,死亡就像晚上到了要睡觉一样,就让自己一切放下好好的休息;而生就是早上起来睁开眼睛,又是另一个生命的开始。

晚上疲倦了去睡觉,这在佛教的名词是小死,只是休息一番,若是长眠就是长期的睡,人生的结束就是那么自在的睡着了,其实只是换一个生命再出生,佛教称之为往生,就是舍此投彼之意。我常说: 生是死的起点,死是生的开头,若是对死亡无所恐惧,心中就会很坦然,否则就会很烦恼,因此生死要看淡一点,有一天的人生,就尽一天的责任。

⊙心念纠缠,产生错觉

有位师姊请示上人,父亲辞世不久,头七时她在睡梦中,仿佛听到父亲走近的脚步声,并默默为她盖被……

上人慈示:这是因为你的心念一直纠缠其中,才会有这样的错觉。其实大孝不是老想着已逝的至亲,而是祝福他,使其灵安。

人的业识脱体后,既已离开物质的色身,就不会有所谓的走路声,声音是由物质相碰触而产生。而意识就如眼睛见人,并无声音,这是因为眼识是透过眼根见人,只是一种认识的功能,又如想吃东西,东西并不会自己来到面前,可见意识并无力量,也非物质,所以尽管意识一直在动,但形态一定要借着物质才能作用。

⊙心有挂碍

一位女孩因无意间看到往生者的脸孔而惊吓过度,有三个月都无法正常作息……

上人慈示:人生本就来来去去,有什么好怕呢?我常常到慈济大学的遗体存放室看看那些备用的"大体老师"。我都是用很尊重、庄严的心去看,所以不觉得有什么。人生难免会遭遇意料不到的事,就好像心被刺了一下,不要常将这些事放在心里,找事情做做就好了,这个过渡时期自然就会过去。

⊙今世果 前生因

一位师姊的女儿车祸往生,请求上人开示。

上人慈示：今世之果，是过去所造之因；要知来世的果，就看现在所造的因。这就如一棵果树，现在之所以有果实，是因过去种了种子；未来要另长果树，现在就得种下种子。

所有父母都希望孩子平安有成，但孩子有她自己的因缘，如今世间缘、亲子缘已尽，你要勇敢面对现实，不要绑住她，要让她安心离去，使她能快去快回。

⊙心正邪不侵

有位中年男士来见上人，表示有"无形的东西"通过朋友告诉他，他曾破坏这"无形者"的好事，必须来见上人，事情才可解决。

上人慈示：人有人的世界，"无形的"也有无形的世界，彼此都互不侵犯，所以，不必执著，只要自己的心自在，其他东西也就自在了。

有慈悲的心，心就正；心正，则邪不入。不要再胡思乱想，好好做些有意义的事情，自然就没事了。

⊙以正确的方法解决问题

一位母亲忧愁地诉说："女儿在放学途中看到出殡队伍，回来就说不舒服，要我带她去收惊。我带女儿去找乩童，他说要赶快处理,否则女儿就会发疯,乩童要我摺冥纸……但是,女儿回家后开始不睡觉,一切动作都学乩童的模样,已经七天了,有人说,女儿是中邪了……"只见她的女儿在一旁喃喃自语,不知所云,比手画脚的,脚又抖动不停,很急躁不安。

上人慈示:千万不要迷信。孩子的心比较单纯,可能因为看到有人往生,一时之间心理无法接受,所以行为异常。去找乩童或去问神,都是迷信的做法,最好赶快去看精神科医师,让女儿静下来,做父母的不要焦虑,也不要彼此埋怨,好好面对现实,以正确方法去解决问题才是。

⊙自解烦恼

有位年轻妇人生育后坐月子,请妈妈来看护。期间,妈妈染患感冒,而后引发肾、肝等方面之并发症,不久也就往生了。这位妇人很痛苦,一直认为妈妈是自己害死的,是她没有尽心照顾,妈妈才会衍生并发症而死,所以心放不下;也因认为是自己生产,才请妈妈来帮忙,所以也很气恨出世的小孩。这妇人因长期郁闷、自责、怨恨纠结,心境转不过来,终于精神崩溃了……

上人慈示:心被烦恼绑住,必须自己来解,自己不解开烦恼结,就是佛在面前也无能为力。母亲既已往生,再如何苦恼,也唤不回逝去的生命。而今最重要的,应该是面对现实,好好照顾家庭、安慰父亲。若被心结、烦恼所转而不能接受打击,如此不能堪忍,就无法处在娑婆世界了。

学佛就在转烦恼为智慧。同样身处娑婆,慈济人之所以能做得很欢喜,就因为是自己甘愿选择为人群奉献的工作,此即"甘愿做,欢喜受",希望因为自己的付出,使众生离苦得乐,能及时拔除众生苦,即使做得非常辛苦,心中还是很欢喜。

⊙尽孝要有智慧

有位师姊的父亲往生已有一段时日,但师姊仍挂碍父亲的去处,时常在梦中见到父亲;今来精舍随众敬诵《地藏经》,希望为父亲祈福消灾。上人见师姊一片纯孝,却心情难开,遂为她开示安心。

上人慈示:人往生后,在七七四十九天内,就会依在世所造之业而舍此投彼,再来人间。你的父亲为人善良,也皈依三宝,必定已遇到有缘的父母,做他们的子女了。所以,切莫再被亲情所绊,否则将如被绳索绑住而团团转一般,转不出来了。

诵念《地藏经》,最重要的是了解地藏菩萨的愿力,然后自己也发愿力行。就如志工们投入贫家,为人清扫、浴身,是真正亲身到《地藏经》中所说的"粪尿地狱",做一个解人困难的菩萨。我们既已诵经,更该行经,愿、行具足,才是诵经的真义。

父亲非常疼你,为报答父恩,就要好好运用父母所赐之身,为人间付出。至于梦中所见,要知梦境本是虚幻的境界,不要被梦境迷惑。禅宗有云:"佛来佛斩,魔来魔斩。"就算见到佛的境界,也不要当一回事;对于很可怕的境界,也不要认为有什么。心不随境转,才是解脱。希望你要有正信,千万不要迷信!

⊙换迷情为觉有情

有位师姊与夫婿鹣鲽情深,先生突然往生,师姊一时无法承受,极度哀恸……

上人慈示:要"觉有情"。人皆有情,面对亲人往生,难免情难舍,你既然学做菩萨,就要凡事看得开,生死是自然的事,要把心门打开,欢喜祝福先生,不可一副失魂落魄的形态,这就不像慈济人了。凡夫俗子以为为此烦恼才是有情,但我们应学习菩萨的觉有情,将迷情换成觉悟之情,不要陷在私情小爱的痛苦里。

他已赶赴好因缘走了,也会很快乘愿再来,所以不要以私情绑住他,要真正的祝福他。

⊙重业轻受

一位师姊开车载着先生及友人,由于途中感到疲倦,请先生替换开车,就在将车停在路肩时,先生却遭一名酒后开车者撞倒,紧急送医急救,但回天乏术。"先生是受人称赞的好医师,平日热心公益,不明白为何遭此横祸?"

上人慈示:佛教讲"因缘果报",过去生如何造因结缘,今生就当受此果报。例如佛世时的目犍连尊者,号为神通第一,有天在山下打坐,外道从山上推下巨石,将尊者活生生压成肉酱,当场往生。有人疑惑,尊者既称神通第一,并且是佛陀弟子,为何无法闪过这石头? 佛陀也应知道弟子有此遭遇,为何不阻止? 佛陀为众释疑表示,尊者过去是打鱼人,杀生无数,本该多生多劫受报,但他发心修行,所以多生罪业一生报尽,这已是重业轻受。

但看目犍连尊者尚且难逃果报,何况凡夫呢? 过去所造的业因业缘,今生必定要受报,只是过去所造业因轻者,若有善缘相助,此业尚可转;但若过去所造业因重,则重业不可转。虽说先生过去曾造受报业因,但今生也造了好因好缘,所以不经拖延,在刹那间没有痛苦念头的情形下就往生了,这即是他的好缘。

生与死并不重要,生既已生,烦恼又有何用? 而死既然不可避免,则何妨自然的面对。最重要的是在生死之间造就何种因缘,未来就会有何种果报。我们要欢喜接受业缘,不受境转,并且转恶缘为善缘,这才是正确面对因果的态度。

⊙骨灰罈的回禄之灾

有位女士因母亲骨灰罈所放置的寺宇遭回禄之灾,骨灰罈随火烟灭,又想及超度的事情,令她担忧不已。

上人慈示:是你心结不打开,自己在看不开而已,与你母亲一点关系也没有,若能将心结打开,才是对你母亲最好的解脱法门。

不要执著骨灰的事,人往往因为执著而造业不休。世间上所有的一切都无法永远存在,总是在生生灭灭之中,所以要认清无常的真相,凡事要潇洒些。例如在慈院心莲病房有位林月珠阿妈,她住进心莲病房已几个月,从来没看她哭过,总是笑脸迎众,甚至大家拿往生被给她看,她也很自在的赞叹很漂亮,还叫人先让她盖盖看。

人往生后灵魂脱体,剩下的躯壳已与本人无关,为何还要记挂,以此绑缚自己而不能解脱? 要知解脱不是在死后,而是现在能够把道理、事情看得开,这就是解脱。

世上各类信仰的种种法事都是因人而起,因为人心不安才有这么多种仪式,所以不必在意仪式如何,要得心安,重要的是在于自己。将只是关心着骨灰的心,扩大为关心那些真正有生命的人吧！我们应该将心用在人生真正重要的事情上。孝心的表达有无意义,要用智慧判断,你要化小爱为大爱,若只在小爱里烦恼,世上很多重要的事就无法安下心来做了。

⊙生生世世不了因

一位太太有个四十一岁的小儿子,在一处工地工作,早上工作结束检查机械时,不小心遭电击而掉进水沟,紧急送医后往生。师姊泣言:"我都很精进,在家里都持续念经,念完《阿弥陀经》又念《药师经》,平常就念经先'存放'着,谁知我才刚念完三部地藏经,要回向给小儿子,但却传来噩耗……"

上人慈示:人生本无常,这些道理我们都知道,但自己真的碰上了却不能自在。人生最重要的是使用权,父母子女皆是缘,有很多事不能强求,他的缘已到要一鞠躬下台,你就要好好的放下他。妈妈可以生子,但不能保证孩子的人生有多长。母子之缘剪不断,就是生生世世不了的因,所以我们要将此因好好的下种。

⊙冤冤相报何时了

一位八十多岁的老奶奶,带着两个年轻的孙子前来请示上人。原来两兄弟的母亲车祸往生,肇事者为一位年轻女孩,兄弟俩不能接受突来的事实，更无法原谅那个女孩。然而他们的父亲考虑到女孩的未来，所以不求赔偿，也不促使女孩坐牢……

上人慈示：妈妈无奈的走了！其实，对方也无心故犯。事情已经过去了，凡事要看开点，不要怨恨，否则冤冤相报何时了？要知人生无常，不论天上、地面或水中，一天之内，不知要发生多少事，若一旦出事，每个人都责怪别人，不肯为人着想，大家都是冤冤相报，那么人生就真正是地狱了。

看看你们的爸爸，他们夫妻情深，他都能够看得开，而且还将心比心想，考虑到年轻女孩的前途。爸爸的做法是对的，你们应该学习父亲的宽弘大量，他超越的品格是你们的榜样、模范。希望你们心中有爱，不要恨，那个女孩子想必终生心不安，永远都有阴影，要从这点去想而原谅她，要放下执著，才能解开心结。

⊙压力分享

有位妇人因先生往生，必须独力偿还巨债，又不忍子女操心，始终未曾告知孩子事实，目前欠地下钱庄的巨款已付清，只剩一些好友的部分，但因加还利息，仍是一笔不小的债务。妇人为此，心烦意乱，到处求神拜佛，盼望问题早日解决。

上人慈示：不必去求那些看不到的，也不要贪求看不到的未来要如何，踏实在现在最重要。现在必须让心静下来，不要乱了方寸,至于念佛、拜佛,目的就是定心,不妨虔诚念佛让心静下来。

一个人有多少力量? 家里的事应该和孩子们商量,使他们了解母亲到底在操心什么,让他们清楚你的压力,才能与你共同分担,否则徒惹他们胡乱猜疑,更会加添不安。

⊙普爱天下青年子弟

有位妇人的儿子是大学生,个性好强,几个月前感情受到打击,个性孤傲加上种种烦恼,最后在校园内用汽油自焚以寻求解脱。妇人泣不成声的说着:"我太晚认识慈济了,要是早几年加入慈济,就知道如何教育儿子,影响他加入慈青。儿子如果能早一点加入这个团体,就不会发生这件事。"

上人慈示:不要再哭了。虽然母子情深,发生这件事要你不哭、不伤心是不可能,也是不近人情的事,但是要懂得节哀。如果一直不停的哭会伤身体,而且也唤不回孩子的生命,倒不如祝福他,救度他的慧命,把爱儿子的心拿来爱普天下更多的青年子弟。

⊙做一个欢喜付出的人

一位男子想起十年前父亲罹患胃癌时,见父亲疼痛不已,内心不忍,所以请医师打止痛针,没想到父亲就这样走了。为了此事他深感内疚,长久无法释怀。

上人慈示:父亲之死是他因缘已到,你已尽人事,就安心祝福他吧!你是孝顺的孩子,当初不忍父亲被病痛折磨,才请医师打止痛针,这是正确的处理,哪里有错?

当年我的养父突然高血压中风,请医师来治疗,医师下猛药使父亲血压迅速下降,这种病情其实并不寻常。但当时我并没有这方面的医学常识,而且医师也未曾吩咐不可移动父亲,所以就通知家中三轮车工友将父亲接回家,没多久父亲就往生了。人有生就有死,当世缘尽了,自然就会走,否则医师不会下猛药,我也不会想到搬动他。

为何我要出家?就是为了报恩,将父母给予的身体用来为社会付出,做有意义的事,这才能回报父母的深恩。希望你解开心结,不要将心停留在十年前的往事,应该放眼未来,全力以赴,落实真正的孝心。

欢欢喜喜是过一天,愁眉苦脸也是过一天,就做一个欢喜付出的人吧!

⊙"大哥大"往生记

有位志工在朝会中,说到为一位"大哥大"助念的心得。她替这位大哥大庆幸,虽然他前半段的人生因心念偏差而误了自己,但在人生最后一刻与慈济结下好缘,能得众人助念而安详的笑着离开。

上人慈示:人生总是有因有果,我们必定要体会因缘果报的道理。这位大哥大一生坎坷,其实是因为他没有守好人生的规矩,遂一步差、步步错,还好慈济人用爱心陪伴他,让他安下心来,很安然自在的走完人生道路。有了这颗善的种子,不管他这一生造了多少恶业,来生总是有一线希望。

作为一个人间菩萨,固然要救度活着的人,即使已走到人生尽头者,还是要为他种下好因,期待他未来善缘成就,能走上光明大道。

⊙ 诵经为指引前路

多位日本来的朋友提到:"别人诵经回向给我无多大益处,我诵经给人也是一样啊!"

上人慈示:的确是这样,诵经最好自己诵,诵经是为了指引前路,日常生活中不知如何做人,就必须诵经,从中可以得到指引,这样诵经才有用。在社会上的种种境界要如何面对?当感到"前途茫茫"时,诵经可以给人启示、让人懂事,这是诵经的目的。

"经者,道也;道者,路也。"经是要让我们"行"的,不是给我们"念"的,念它是为了让自己明白道理,懂得如何去做。

现代人往往不知诵经的用意,以为某某人往生了,要拜托或雇请人家来诵经,其实,这只是欺骗自己的心而已。如果有人往生,而自己想诵经回向给他,这是对自己有太高的评价,修行是自己的本分,念经是为了增长自己的智识。要诵经回向给别人有那么容易吗? 母子至亲血缘深厚,儿子书读到大学或拿到博士学位,母亲如果没念书,她还是不识字,不可能由儿子这里拿一些给她。

由此可见,念书是为了增长智识,母亲的收获是儿子读书后,能够把所学的知识配合良知发挥于社会,对人群有贡献、受人肯定,因此,大家也敬重其母亲,这就是儿子对母亲最真实的回报和"回向"。

⊙自心净土

学佛的人大都有个共同的倾向——希望临终时往生极乐世界。

上人慈示:当下我们就应该反求"自心净土"! 心地若经常被污染,日常生活中,贪、瞋、痴烦恼常常起惑造业,虽然口中常常念佛,但心中仍然布满烦恼,这样将来怎么可能往生净土?

要到达净土的境界,必先清净心地,把烦恼、无明、惑业降伏扫除后,自然可得。意即转贪念为布施心,转瞋念为慈悲,转愚痴为智慧,心中的贪瞋痴三毒应及时去除,如此心净即土净。

⊙三世因果

任职某中学的张校长偕同夫人来见上人。张校长的十九岁独生子不幸发生车祸往生,路经该处的林师姊等人立即协助善后并助念,张校长对此相当感恩,然而丧子之痛无法释怀。张校长哀伤的表示,这个孩子非常善良,想不透为何会有这样的下场?

上人慈示:孩子刹那间就走了,并没有很痛苦,他与父母的缘就是这样而已。

"难道只能用'缘'字来解释吗?我没有好好保护孩子。"

上人:世间的一切本就离不开因缘,人来世间,生命的剧本早已写好,何时该下台也都安排好了。孩子十九岁了,还要如何保护呢? 你们觉得孩子可怜,其实你们比孩子更可怜哪! 孩子如今正要迈向来生,展开新的人生,而你们却不甘心,还在如此痛苦煎熬。

"对孩子的爱并没有预期回报,只是想着孩子能否去到很好的世界? 倘若没有,我们会很痛苦。"

上人：你的孩子很善良,在这个世间也没造什么业,没有恶因,自然不会有什么恶果。

"因果之说,以我们现代人的知识看不到。"

上人：用负面的心情来看当然看不到,现在此事要用三世因果来分析,也就是过去、现在、未来。发生这件事情就是"过去"了,因为这件事情,所以你现在痛苦,假如继续这个苦,明天苦、后天还是苦。所说的三世不光指过去世、现在世和未来世,早上、中午、晚上也是三世;昨天、今天、明天也是三世;若把三世拉长了就是过去生的三世。这件事的发生就是佛教所说的业力,也是一般人说的命运。运就是运作,业力来临时,不可思议的力量刹那间碰在一起,而造成一些结果,这就是一般所谓的运气。

知识分子即使很理性,发生这种事还是会心疼、心碎,但是心碎也不能恢复什么,所以"要化悲痛为力量",真正疼爱孩子,就要为孩子做一点事情。例如身为校长,就把心思专注在办学上,成就人家的子弟,把疼爱儿子的心去疼爱别人的孩子,这就是为自己的孩子做功德。因为孩子往生而使你体会生命的真谛,体会到人生无常,当下要及时把握,这就是转悲愤为力量。

"自己一向努力办学,视学校所有的学生为自己的孩子,为学生的事也很用心。是否就是因为自己太照顾学校的学生,反而忽略了自己的孩子? 就是因为办学,才把家搬到学校,孩子只好骑机车上学,否则孩子根本可以很安全的上学。"

上人: 这种想法是不对的,这样想反而把业力推到孩子身上。不要发生事情就自责,哪一位父母不是为了孩子好? 说不定孩子让别人载也同样会发生这件事,因为他的业就是如此。突然间去了,也比拖着一口气要好得多,这样也没有痛苦。

⊙参悟生死大事

一般人常以为一口气上不来时便是死亡,若仔细观察,死亡可分为两种形态,一是脑死,另一种是神经散坏的死。一位慈济委员去世时,就是神经散坏在先,脑死在后。

临终时听她说,她的头脑很清楚,但是全身的骨头筋肉都很疼痛,这是神经散坏的现象。接着疼痛现象会消失,而进入脑神经散坏的阶段,最后便是死亡。

生死之际,最痛苦的莫过于神识未散而神经渐次散坏之时。"身者,生之大患",虽然如此,但我们仍须好好利用这副躯壳,勿为身躯所制,凡夫常常为了嬉乐而荒废人生,耽误了道业,结果是空过一生。

人一旦能看透道理,往生之时便可欢喜接受,超越痛苦,否则将倍觉痛楚,修道的目的,无非也在准备接受这一刻的考验。死字,书之易,学之则难！我们应于日常生活中参透它的实相,如此便可了然于胸。生死无非是躯壳的更换,此生落幕,即彼生之始。人生的角色,要自己去扮演,自己去参透;参得透,幕就可落下了。

第五章：

喜舍娑婆苦
愿得清净乐

生·死·问·答

虽然你身体很憔悴，虽然我心里很疲惫，

你我却都舍不得离开这熟悉的温柔。

舍不得问终点以后究竟是什么？

怎么样才能说出"莎哟娜啦，再见吧！"

莎哟娜啦，再见，我们会再相见吗？

啊！伴着你，让我轻握你的手，

让我陪你慢慢走。

啊！看着你，颤抖的脚步也能安详自在，

脆弱的躯体也能奉献关怀。

怎么样才能说出莎哟娜啦，再见吧！

莎哟娜啦，来生再见吧！

这首歌曲唱出了生命最后的一段光彩,虽然明知即将分别,还是提起勇气相互陪伴,带着祝福出发往最后一次的旅行。

旅途上不是春光明媚,也不是夏日灿烂,却有满地枫红,甚或大雪高山的雄壮,留予世人无限的怀想与惊叹!人类因为情爱写下了多少动人心魄的灵魂之作,直可惊天地而泣鬼神;却也因为情爱的纠缠,衍生出许多离合悲叹,一旦生离死别,那种悲伤更是挂肚牵肠。

活着的人想尽办法要延长对方的生命,即将告别人世的人也是万般难舍,一句"再会"要如何轻松的说出口?难啊!于是活着的人留下许许多多的疑问,带着未竟心愿离去的人更是脚步蹒跚。

如果生命给了我们机会,何不在生前把该说的都说完,让爱面对阳光!把小小的盼望都圆满,该交代的事情说出来有人分担,该给的祝福一一放入行囊,再加上放心、安心的翅膀,旅途上便可以自由翱翔,飞吧!飞吧!飞到下一个旅站,欣赏另一段绮丽风光。

总是说"戏梦人生",人生如戏亦如梦,但是舞台上的人为求演技逼真,不得不也把假当作真。于是,得意时欢喜,失意时痛不欲生,执著于生便痛惋于死,生与死之间确实充满了许多疑惑,谁来为我们做个解答?

这个单元,收录了证严上人对生死问答的一些谈话,触及内心也周遍于人生,来访者一一发问,上人便一一透视人间百态,在紊乱中理出秩序,于生死中看出希望。这些问答分为两部分——"活着的意义是什么?"与"正确的认知死亡"。由生到死,倘能了解生和死原本就和呼吸一样自然,则"生时轻安,死时自在",不论过去、现在、未来,只要能当下把握,生死即自在!

　　最后,在本书最末,则为读者们安排了十数则"生命的对话",这是本书的一个回顾,更是人人随时提醒自己的警世良言。时时带着它,时时思考生命的下一步路,只要功夫深,就算"死亡"也得脱下虚假的面具,老老实实给你一个最好的生命建议。祝福你!

活着的意义是什么？

活着的意义，在于付出。人生的价值不在活了多久，而在做了多少事；如果没有发挥生命的良能，活得再久也无意义。

问：生死是人生大事，您从救贫后察觉要先从救病开始，所以才建立慈济医院，可是病痛是有"生"就会发生的事，您怎么看待这样的事情呢？您认为这样的人生问题能解决吗？

答：天地之广大，人生问题何其多，我们能做的就是看得到、走得到、摸得到的范围。总之，能做的就尽量做，所以要解决全部问题是不可能的，但是期待由慈济开头，邀请大家一起来做，才能真正解决不同层面的问题。

生：生命的价值

问：我们要怎么样看待生命？

答：天地之间的万物无不是生命，而一切生命都是平等的，都必须尊重。为什么所有生命都是平等的，着眼点在哪里？就在众生"皆有佛性"，不只是人类拥有清净无染的佛性，其他动物也都有。所以佛陀说"心、佛、众生，三无差别"，清净的佛性众生皆具，并且充满爱与智慧。

举个例子来说：有一位八岁的小女孩，在接受脑瘤手术前签下了"器官捐赠书"。我问她："你了解这是什么吗？"她对捐赠器官的意义知道得很清楚，想必是爸爸妈妈对她详细的解说过。这个小女孩清净、纯真，对生命没有留恋，没有挂碍，像这样纯真、有爱、有智慧的佛性，每个人生来都有，其他动物也有，只不过动物有动物的生活环境，人有人的生活环境。虽然动物的生活环境受限，很难将佛性启发出来，但是它们的清净本性，与我们完全没有差别。

然而人是万物之灵，所以成佛要在人间。天堂、地狱皆成不了佛，因为天堂里总是在享受，不觉得人间苦，就像一般富贵人家比较贡高我慢，往往被名、利、贪、瞋等心态所污染。地狱中则是受苦不断，也无法有暂时喘息或是接触佛法的机会。

佛陀未出家前身为悉达多太子,一日出游,看到百姓农耕的生活和皇宫里很不一样,他觉得很不平等,又看到犁田后,土里的蚯蚓被鸡鸭争食,他觉得弱肉强食,也不平等。看到老人行动不方便,看到病苦的人生,看到产妇的挣扎,又看到死别的痛苦,他的心深刻感受到生、老、病、死的无奈,因此从人生之苦中不断去思考,如何追求生命的真理,才能实际帮助别人?

　　后来出家、修行、得道,说法度众以启发人人本有的悲悯心,消灭人性的贪婪。假如,当时的悉达多太子一直沉迷在物欲享受中,不能以悲悯心去思考世间苦难,今天也就没有佛教了。

　　所以人格是从爱与智慧平行发展出来的,亦即启发佛性一定要从"大爱"着手,为众生付出良能,这才是生命的价值。几年来,慈济不断从事国际赈灾、推动环保,就是因为天地万物无不是平等的生命。

问:是否也包括植物在内?

答:当然包括在内,而且连所有的物品都有"物命"。很多人要我拆除静思精舍的大殿加以重建,他们说三十多年的建筑物不适用了,但是我觉得住起来还很好,把它敲掉,它的生命就毁了,它应该还有利用的价值。但是为了实际环境的需求不得不把空间扩大,所以我们用最环保的方式,敲掉旁边的旧知客室,把那些废弃物再回填到中庭地基,这样就没有建筑垃圾了。总之,对万物,不管是植物、动物或既成物品都要同样爱惜,人要利用万物,就要维护万物。

问:有些人觉得生命失去意义而放弃自己,譬如自杀的人,不知您有何看法?

答:那是因为他们不懂得"爱",如果心中有爱,就知道生命无价。

以现代的医疗技术而言,器官移植已经不像从前那么困难。但是移植要有人奉献器官,如果有人脑死,而愿意把身上能用的器官捐出给需要的人,那么虽然他的人已不在人间,但是他的生命却能在另一个人身上延续下去。像这样的生命工程,也是人创造出来的,所以人的智慧真是无限!

但是假如没有爱,只是聪明,说不定就会毁灭人间,像原子弹,不都是聪明人发明的吗?生命的价值应该是奉献,能奉献的人,就是因为他有爱。然而爱别人必先爱自己,所谓"爱自己",不是贪生怕死,而是要照顾好自己的心,安分守己,不让父母操心,这是一种生命价值中最基本的奉献。

问：孔子曾说"未知生,焉知死?"我们要怎么看待这句话?

答：有些人很烦恼,不知死后的世界究竟是怎么一回事。
其实,做人的道理都不晓得了,就想追求做鬼的道理,
这不是庸人自扰吗? 所谓"欲知前世因,今生受者是;
欲知来世果,今生做者是。"与其烦恼死后的事情,不如
用心照顾好当下的人生——种什么因,得什么果。意
思就是要好好照顾自己的心和行为,不是利益别人的
事就不要做,要做就做富有教育性、利益人群的事情。
假如能做到不妨碍人、不伤害人,能利益人,我们就可
以安心,不必担心死后的去向。

问：现在很多器官都能移植,使人的寿命延长,所以有人认
为：未来人类的寿命可达到一百五十岁。请问您怎么
看待寿命的长短? 活着的意义又是什么?

答：活着的意义,在于"付出"。人生的价值不在于活了多
久,而在做了多少事,如果没有将生命的良能发挥出
来,活得再久也无意义。

问：如果知道未来,是否会比较知道现在该怎么办?

答：每个人都会计划未来,这种未来光是计划还没有做,所
以未来的果就不能成熟。所谓未来不一定指来世,以

现在来说,昨天你跟我有约,今天来到精舍,这就是结果。"因"为有约,结"果"你来精舍,这个结果结束了没? 还没有。因为你还要采访我,所以在精舍时我们还相约未来,未来就是到慈济医院接受你们的采访。

现在我们面对面谈话,但是不知道谈话之后的结果又是怎么样,虽然你有一个目标,计划要如何出版,但是如果没有今天的谈话,我想这个计划还是没有结果。有计划,没有现在的采访行动,哪有未来的出版结果? 所以还是必须"把握当下"去做。

问:所以没有去做就没有结果?

答:对! 不管你今天跟我说什么,未来的结果将成为什么,总是有一个结果。所以不要谈到来生来世那么遥不可及的未来,不要迷信将来要去哪里,将来到哪里都不重要,最重要的是现在要怎么做。

问:依现在的医学科技能够复制动物,如复制羊,如果是复制人,不知您的看法如何?

答:这种发展实在让人担心将来的世界会变成什么样。未来科学的发达,可能就是人的世界被破坏及毁灭的时刻;佛经里说我们现在正处于坏劫时期,环境不断被破坏,破坏到极尽时就是"空"了。

问：那么我们要怎么面对呢？

答：我的生命没有这么长，那得看将来时代怎么转变了。

问：听说很多出家师父是再来人，怎么看才知道是不是？

答：不只出家人是再来人，你们也是再来人，没有一个生命
不再来。因为就佛法来讲，生命有生有死，而慧命是永
生、无穷尽的，清净的智慧是永恒的，所以每个生命都
会再来。常常有人问我"怎么样才能往生?"我就告诉
他们："每个人都会往生，只是不知道要生到哪里而
已。"有人说某某大德是再来人，我说你也是再来人，因
为生命本来就是来来去去，轮回不停息的。

问：所以说复制人等等是破坏因果，想想也蛮可怕的！

答：破坏因果很可怕，很令人担心，所以慈济要赶快办教
育，尤其是推动文化工作。人的聪明才智力量很大，但
往往缺少那分清净的智慧，如能把聪明转成智慧，就能
造福人群。

老：温柔、感恩，尊敬相待

问：我们应该如何对待老人家？有些老人比较多心，听了
一句话就想成另一个意思，沟通上有点困难，相处起来
也不容易。

答：老人家的心态往往像幼儿一样；我们用温柔的心去爱孩子,也要用同样的心去爱老人。常有人建议慈济兴建养老院,但我比较希望推动"日间照护"的风气,例如慈济医院的"轻安居",就提供日间的老人照护服务,白天分担小家庭夫妻因上班而无法照顾年老父母的辛劳,而晚上把父母接回家后,一家人还是能团聚在一起。

我真心期待每个人都能克尽孝道,老人家也都能享受天伦之乐,这也是一种教育——夫妻做好榜样给儿女看,儿女才会懂得孝顺。

问：老人家有时候想法、做法和时代有很大差距,也要像对待小孩一样容忍他们吗?

答：时代变得太快了,有时老人会停滞在过去,守着他们那一代的观念——天下无不是的父母,认为父母亲说的就是对的。遇到这样的情形,你不能顶撞,尽管如何不愿意,还是要逆来顺受,委婉的说明。看看我这一代的人,还是这样讲求长幼有序,哪像现代老人事事都要听从晚辈,真的很辛苦。我们对老人必须抱持感恩心,如果没有老人们奉献一生心力,哪有今天富裕的社会!所以对老人家一定要尊敬,要有感恩心。

问：动作迟缓、病痛不断，很多事情想做都不能做……"老"
似乎是一件很可怕的事。

答：不要害怕，要警惕——有朝一日我也会老，今天若没有
好好对待父母，将来我的孩子也会这样对我。孝顺父
母、尊敬长辈的伦理美德，其实就是这样在家庭中培养
出来，再一代代传承下去。

病：如何面对病苦?

问：人都会生病，有病就会有痛，因此很多人觉得病比死还
可怕。如果自己身边的人或是别人有病痛时，应如何
帮助他们?

答：亲情或友情是凡人最难割舍的，有情有爱就有烦恼，所
以人一遇到自己的亲友发生了什么事，往往心急如焚、
不知所措。宗教的目标就是引导人看透生命的真谛，
把爱的范围扩大，以平等心及平常心来看待一切众生，
遇到无奈的事要看淡一点，面对人生的无常就不会那
么挣扎、痛苦了。

问：这会不会很难做到?

答：是很难做到。"体会"生老病死不难，"说"也容易，但是
要真正"做到"就不简单了；一般人总是想得通比较快，

行得通比较慢。比如曾经有一位慈济委员打电话给我,说她父亲病危,在加护病房昏迷了好几天,醒来之后就一直念着要跟我说话,要向我发愿,祈求他的病能好起来。他将近八十岁了,虽然平常自己会说:"年纪这么大也够了。"但是处在生死边缘时还是会恐惧。

所以人对于生命,不论是自己或家属,都难以真正割舍。我还听到电话中女儿、儿子对他说:"你赶快发愿,爸! 你赶快对师父说你要做什么事!"虽然女儿是委员,儿子是慈诚队,都很孝顺,也明知父亲已将近八十岁了,生命中总有这段路,应该要看得很自在。但实际面临亲人的生死关头,还是会有这种祈求,希望亲人能再好起来。所以说亲人也好,自己也好,总是在生死道路上生离死别,都会很挣扎。

问:这是人性吗?

答:是的,这是人性!

问:是不是有信仰的人比较能看得透?

答:应该是。譬如有一位慈济委员罹患肺癌,还不知道自己得病时,天天都去当志工,只是常常咳嗽,后来检查才知道是肺癌末期,住进慈济医院后,他还是天天当志工辅导别的病人。有一次他两三天都无法起身,他的儿子很孝顺请假陪他,他就交代:"你不要让师父知道我的身体状况。"

但是再经过两三天,他病得很严重,就对志工说:"我很想见师父。"志工在早会时告诉我,我也答应去看他。志工到了医院就告诉他:"师父今天会来看你。"他就赶快起来沐浴,穿戴整齐,他说不要让师父看到他有病容。

谈话之间他一直说:"很高兴此生能遇见师父,使我的生命能真正为社会付出,也充分发挥生命的使用权。该我使用的时候,我会尽量用,时间到了就放下,师父不要为我担心,我会快去快回。"他很乐观,还去跟其他病人分享。

最后那一天他很平静,对儿子说:"你不一定要常常陪我,但是你一定要完成我的志愿。"儿子问:"你希望我做什么?"他说:"你要加入慈诚队,也要当委员,代替我帮助师父。"这是他唯一希望儿子做的事,儿子也很孝顺的答应了,他就安心的走了。没有任何牵挂!他看得开,也真的发挥生命的使用权。

问:如果去探望病重的人,要跟他说些什么?

答:如果他已经病得很严重了,最重要的是安慰他放宽心,劝他放轻松,对生死要看得开。告诉他死并不是可怕的事情,让他知道人有生就一定有死,有死也就有生,这是很自然的事。不要只是说些"加油!你一定会好起来"这样的话,让他抱着希望反而挂碍更多。

问：志工早会时,您对大家说"有病痛时要欢喜承受",可是病痛实在很难受,怎么可能欢喜承受呢?

答：是很难受,但是不接受又能如何?假如不顺从,逆着走不是更辛苦吗?很多人的疾病其实没有那么严重,但是他心里抗拒不接受,这种抗拒使心情不顺畅,反而增加了痛苦。

我常常说"甘愿做,欢喜受"就对了,如果是"欢喜做,甘愿受"就辛苦了,只要你欢喜没有什么不可以做的,最后的结果就是受苦,你也要甘愿去受,谁能帮助你呢?"甘愿做"则是心甘情愿去做,虽然是很辛苦的事,但却做得很欢喜。

所以病了,不情愿接受就会很烦恼、很辛苦,往往容易发脾气而使人不愿亲近。有的病人则很可爱,他会说:"师父说,笑是一种表情,皱眉头也是一种表情;呻吟是一种声音,笑也是一种声音。"他一笑,人家看了就很欢喜,就会很喜欢接近。人缘好,朋友就多,在热热闹闹、开开心心的情况下,自然就会把病苦慢慢忘掉,纾解了病痛。

死:有生就有"死"

问:要如何看待死亡这件事?

答:死亡,就像一个人每天做完该做的事要休息。但是人常苦于执著不休,如果白天做了某些事有点心不安,或是还有未了的事情,晚上常常就会睡不着,睡不着当然很痛苦,这就是挂碍。

要没有挂碍就要注意当下,事事做得清楚、说得清楚,到了休息的时间,就心无挂碍睡觉了!所以我常说人每天睡觉就像"小死",而死亡只像进入深沉的睡眠,所以说"长眠",而再醒来时,就是一段新的人生。

其实,真正的死亡——灵魂脱体的时候,应该是很飘然的境界。人之大患在于有身,有了身体,就会有病痛和心灵的挂碍不舍,这种身心的挣扎之苦。其实死亡时,身体的六识神经都败坏了,连痛也不知其痛,灵魂是很飘然的。

我有一位弟子,他是荣董也是慈诚队、委员,他有心脏病。有一次夫妻俩去收功德款,回家后觉得胸闷,感觉跟以前不太一样,他就对太太说:"我很不舒服,心脏好像有问题,可能要去看医师。"太太就叫儿子开车一起送他去。儿子刚从美国回来,对台北的交通路况不熟悉,他还指挥儿子要怎么转弯,一直到达医院附近,他就不省人事了。

急救后,医师跟太太说:"很危险,好像不太行了。"于是又转送另一家大医院,医师帮他急救后又做心导管,但还是发出病危通知。当时我正好行脚到了那里,就到医院去看他,他太太在加护病房外流着泪,我进去看他、叫他,一会儿他醒来了,就对我说:"感恩师父叫我回来。"

听他的描述,当时他觉得自己很轻,飘浮在半空中,好像快到天花板了,看到很多人在做急救,他觉得很奇怪,又听到很多人在叫他。他看了后说:"那不是我吗?"后来感觉有人叫他,他看到他的父母亲还有亲戚,都是已经往生好几年的人,在向他招手。他觉得那个境界很美,正想要跟过去,就在这个时候,他听到师父的声音在叫他:"你要回来,慈济还有很多事没做完。"他想:"对啊!我还有事没做完。"他立即回过头来,然后就醒了。他常常跟别人分享说:"经过这一次经验,已经不怕死了。"

《梁皇宝忏》里面有一段文章描述,人的第八识脱离身体之后,业道就会现前,必须注意不要轻易被境界吸引。当你的意识离开身体之后,会看到你所爱的人、你的亲人在呼唤你,倘若跟着他去,就随业而转了。

经由这位弟子从死神手中又回来的分享,更让我印证佛经里的道理。所以业识脱离身体,并不是件可怕的事。最重要的是,还活着的时候,我们应该利用有形的身体,尽本分真正做一些该做的事,活出生命的价值。

问: 您在养父往生时如何看待生命?

答: 这件事情,促使我认清生命的价值。我的童年时期正值第二次世界大战,当时吃饭只能拌盐巴,几乎天天躲空袭,我深刻感到人类相互残杀的悲哀,心中充满疑问,有很多的"为什么?"光复之后,民生经济渐趋繁荣。就在这种平安稳定的日子,父亲突然间发生脑溢血,一个很健康的人,一下子就倒了下去,二十四小时后宣布往生,同时也在二十四小时内就出殡了。虽然送葬的队伍颇风光,但是送出去、埋葬好大家就回来了,使我惊觉人的生命是这么危脆短促,一口气不来,什么也没交代,就这样走了。到底生命是怎么一回事?

所以,我开始去追寻生命的源头,因此走入了宗教。参访天主教,也参访基督教,然后一位朋友带我去寺院,为父亲举办七天的法会。这七天中法师在前面诵经,我在后面跟着读经,每一句都打动我的心,使我明了世事皆无常,这种无常更让我深深觉得生命很宝贵,要好好把握珍惜。至于该用什么态度在人间生活,要用什么方式活出生命的意义,我开始深入思考这个问题。

即使拥有一个幸福的家庭,所爱所奉献的对象也只不过是少数人,有情有爱又是这么痛苦,谈情更是何其短!父亲往生时才五十一岁,从我懂事到他往生的这段岁月何其短,因为父亲很疼爱我,所以他往生了,我好几天都哭不出来,苦到极点,心都是空的。等到静下来后,看到什么都想哭,听到什么都觉得很痛苦。所以说谈爱何其苦?假如一个家庭给我很多的爱,可能最后我还是会很痛苦,因为再亲密的家人,也终有分离的一天。

所以我觉得这样的人生不值得!虽然付出这么多的爱,也得到这么多的爱,但是生命的意义究竟在哪里？因此我认为，与其把爱局限在小小的范围里，不如把爱扩大付诸于大地众生，才能真正轻安自在。父亲往生这件事，对我的"生命价值观"影响很深远。

问：曾有修女来拜访师父，表示佛教是独善其身的宗教？

答：一般人都以为是独善其身，其实佛陀的教义是兼善天下。独善其身应该解说为自爱，自爱以外其实可以兼爱别人，所以佛法真正的精神，除了信佛，最重要的是要学佛，学佛陀的爱与智慧。

问：当时修女这么说时，您如何回答？

答：当然我很赞同他们的博爱精神，但是我知道佛法的慈悲是普爱天地万物，不只是爱人类。博爱是爱人，当然我很敬佩以人为本，不过慈悲是无微不至的爱万物，不忍众生苦，不忍吃众生肉，这就是一种慈悲的表达。

问：当亲人临终时，我们如何跟他说法？或是要做些什么事？

答：最好是安慰他要放心，不要哭哭啼啼，这样会让他更挂碍，更难舍更挣扎。要勇敢面对他，虽然自己心里也很难舍，仍是要提起精神安慰他，不要让他挂碍。所以佛教徒为临终者念佛，就是为了营造安详平和的气氛，使大家的心都有依靠，临终者也能安心的走。

问：念佛也可以转移自己当时的情绪。不过好像很难做到？

答：如果没有念佛,大家就会哭哭啼啼,让家里弥漫伤心的气息。面对亲人临终时,应该是哀而不伤,虽然哀痛,但是不要感伤,要保持祥和。让临终的人安安心心的走,那么他会很轻安而自在。如果临终时有挂碍,舍不得,他就会很痛苦。

问：家中的子女有不同信仰,面对父母临终有不同的意见而起争执,这要如何处理?

答：这就是刚才所说的,不要让临终的人有挂碍,要让生者心安,亡者才能灵安;生者不安,往生者就会不安,会很挣扎、很挂碍。所以念佛的好处就是大家一起念,即使有至亲至爱的人来了,就不会打扰往生者,可以让他安心的离开。

灭苦之"道"

问：医院是最多病苦及生死交集的地方,师父是不是用这样的地方做道场,让志工及所有人见识到苦、集、灭、道,体会人生的道理?

答：的确是如此,医院就是观生死的道场,可以让人明了生死的真谛。有很多看不开想不透的人,只要来医院当志工,就会知道生老病死是怎么一回事,因而化解了烦恼。每位病人都是一本曲折感人的剧本,都是活生生的教材。

其实不只医院是道场,生活中无处不是道场,只要时时多用心,就能体会生老病死的真谛。

有一位海外的慈青分享他的心得:"在解剖大体时,我看到人的内脏跟动物一模一样。"他说在国外看到的解剖是不尊重,剖开了看一看有什么,就扔在一边。而在慈济,大体解剖完很细心,看了之后再把它放好缝合,让人觉得很温柔、很有爱心。他说本来一开始很害怕,念头一转,后来就觉得很美,还说回去就要填写器官捐赠及大体捐赠表。

问:国内、外从事大体解剖课程的差别在哪里?

答:观念想法不同。在国外认为人死了就是一具没有用的废物,反正是要烧掉的,所以缺乏那分尊重与爱的观念。在慈济,除了爱之外,还有尊重及感恩,我们把大体当成老师,所以解剖时很温柔、很尊重。教育就要像这样,这真是一个道场。

问:师父当初创办医院时,是否就是如此规划?

答： 很久以前我就说"医院即道场"，然而有人说我只盖医院和学校却不盖庙，是修福不修慧，其实，医院就是观生死的道场。从前一些老修行人拿着人的骷髅天天看，作白骨观——人死了只剩一堆白骨，没有什么。

我们在医院里就能做生死观，盖医院就是让大家一起来投入，从工作中学到生命的价值观，生与死的真谛。成立医学院及护理系也是一样，希望启发这些孩子把内心的爱表现出来，将来当一位如白衣大士的护士，或是看病救苦的大医王。

佛陀被称为大医王，因为他能治疗众生的心病，所以对医学系或护理系的学生，我们要启发他们用爱来看待生命，使他们将来面对身心的病都能治疗。所以说，学校也应该是一个道场。

（摘自 一九九九年《证严上人衲履足迹·春之卷》）

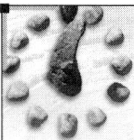

《生死问答之二》

正确的认知死亡

死亡是人生的终点，人最惶恐的就是这件事，所以"死"才真正要用心学习。如果对死亡有透彻、正确的认知，知道死后灵魂脱体是非常安然的境界，就不会对"死亡"感到恐惧。

问：佛教教义中，是否有往生八个钟头内因尚有意识存在，所以绝对不能移动遗体的说法？若有，在什么情境下可以移动？

答：一般人只晓得人有六识——眼、耳、鼻、舌、身、意，其实，还有第七识及第八识。

第六识就是意，也就是"想"。"想"字为"心"及"相"的组合，当身体和外境接触后，"心"会与"相"应合，所以称为"想"。但是离开外境之后，心中还是留有记忆，会不断的造作念头，名为"思"，这是第七识。

"思"字为"心"上有"田"，即心灵上的耕耘，也就是有所造作之意。第八识，就是一般人所说的"灵魂"，佛教中称为"业识"。

人往生之后，虽然六识已经不起作用，但是第七识仍然还在，约于八个小时内会渐渐退去。所以，人往生之后，应该避免"哭路头"的民俗，亲属们最好不要在亡者周围哭哭啼啼的，要尽量让他保持安详才是。有的人往生之前，心中挂念着未见到某个亲人，当亲人赶回来时，有时亡者会因此而流下泪来，这是因为人往生后，第七识尚存之际，虽然身体已经无法动弹，但因为见到亲人而心生激动，散发出最后的能源，所以产生流泪、流血的现象。

有时亡者七识虽然已经消退，但是第八识仍留在身躯。在这个阶段，亡者尚未投胎，也因执著身躯不愿离开，名为"中阴身"，即平常所言的"灵魂"。例如，街头的无名尸一旦被亲人所认，有时会出现七孔流血的现象，由此可以推测他的第八识还存在。因此，中国人有做"头七"的习俗。

人往生后，六识已不起作用，只存第七、八意识。假如捐赠大体或器官是出于亡者自愿，那么为了医学上的需要而为亡者身躯做处理时,亡者的意识不会觉得难过,肉体上也不会感到痛苦。甚至处理的人也可以一边这么说:"你的肝可以救人、你的胃也可以救人……"让亡者的意识更增欢喜。

假若捐赠大体或器官不是出于自愿,那么处理过程中,他多少会有所挣扎,因为人最执著的就是自己的身体,哪怕是死了之后,还是同样的执著。当然愿力会提升意识,自愿捐赠大体或器官的人,在往生之后,就会因为自己的愿望圆满而心生欢喜。

问:大体捐赠者往生后,遗体需争取时效进行防腐处理,但常有家属要求把遗体运送回家,让他们做告别式。请问在佛教上,"告别式"的作用是什么? 可以用相片代替遗体吗? 另外,"头七"时也可以用相片代替吗?

答:告别式的作用,是让往生者的亲人及朋友瞻礼、追思,对于进行告别式或头七是否一定要有遗体,正信的佛教徒并不挂碍。

问:遗体火化是否需要整个遗体一起烧? 因为解剖课程长达四个多月,先解剖下来的部分,是否可以先火化? 还是要等到课程结束后再一起火化?

答:第八识一旦离开身体,这个身体已经没有什么了。所以,是不是等到课程结束后再一起火化,并不是很重要。"大舍无求",既然捐赠者都已做出了大舍,必定是无所求的。

问: 捐遗体或器官有没有违背佛教的教理?

答: 佛教的流传源远流长,经典、文字等等,历代难免都有一些不同的说法,我们离佛陀时代已经两千多年,其实并没有看到往生后多久不能移动的记载。

在佛陀《本生经》里,记载他过去如何献身救度众生,甚至投崖饲虎、割肉喂鹰,这就是他的心愿。如何达成心愿是最重要的,有心愿就是欢喜,能达成心愿时更是欢喜。

问: 请教上人对遗体捐赠的见解? 刚往生时神识还在,往生者不会感到痛苦和害怕吗?

答: 一人的器官可捐给很多人继续使用,对己身无损,又可利益他人,何乐而不为?"发愿圆愿",只要有愿就不苦不怕。

问: 人往生八小时内不宜触动,如要捐赠器官有无冲突?

答: 不冲突。因为发愿捐赠器官的人,在往生后知道自己的器官又发挥功能会很高兴,不能移动是对大部分没有"愿"的人而言,目的在让他们能安静听佛号而不起瞋心。

问：信仰是让我们心中有所皈依,信佛就要对教主有尊重、谨慎、虔诚的心,"信为道元功德母",但要如何升起信心呢?

答：就是要对教主相当相信,不只是相信,还要作为心灵的依靠,依靠佛陀所说,人往生后心灵便有所皈依。譬如我们相信人死之后有灵魂,灵魂随着平常的业障轮转,我常说生不带来,死不带去,唯有业随身。

　　日常中有谨慎的信仰,就会自我约束,这就是最好的人生,到了人生最后时也就不会惶恐。假如在身体健康时不懂得接触宗教,也不认识宗教,那他的身心往往是迷失的。面临生死关头时如果有信仰,及时有善因种子种在意识中,旁边又有很多助缘去培养这颗善良的种子,临终时就不会惶恐。

问：有人往生了,要为他念什么经?

答：我觉得念《心经》最好,因为"心无罣碍,无罣碍故,无有恐怖,远离颠倒梦想",我想这是最重要的。这不只是口头上念了二百多字就有功德,最重要的是要用得上,我们用上了,天天都能分秒不空过,步步踏实。所以,真正的要用得上,要不然对往生者来说,他看到家属们那样的苦,那样的悲恸,他的灵也不安。

有人往生了就哭哭啼啼,这边(这一世的亲人)在哭,其实那边(下一世)已经在欢喜的说:"恭喜,你又生了。"人生,最重要的就是在世时彼此如何互爱互动,互相的照顾,互相的感恩,互相的祝福,互相的成就,这是最重要的。等到死了以后才来呼天抢地,这就有些多余,反而让往生者心不忍,而且挂碍更多。

问:生死事大,"如何生、如何死"是非常重要的人生课题,到底我们要如何学习呢?

答:学佛就是要学得"生死自在",人生本来就是"来就来,去就去",非常自然。死,不过是熟睡了,也睡得长久些,所以说长眠。长眠应该是很轻安的境界,就好像人白天做事很累了,晚上想好好的睡一觉,只不过最后这一觉睡得长一点罢了。

以我们的立场看往生的人,认为他是永不复见了。但就他个人而言,是进入轻飘飘的境界,随着心灵的轻安寻找有缘的父母,又会再到下一世去。

问:何谓"人身难得"的真义?

答:生为人身,非常难得,必须具足很多因缘。佛教说的六道轮回,是生命结束后,舍此身又投彼身,但是否投为人身,真的很难把握。即使投生到"天道",那里只知享受天福,不知人间疾苦,既无追求真理的心,也无造福的机会,一旦福报享尽,还是要再堕落。若是到畜生道、地狱道或饿鬼道,真是苦不堪言,除了苦之外,也没有时间或环境能听闻佛法,体会真理。而在人间,可以看尽人生的苦相,启发我们的道心,所以,学佛者要把握难得的人身,珍惜世间缘,来时善尽本分,去时了无遗憾,这样的人生就有价值。

问: 我这一生没有做亏心事,为什么会生病?

答: 这不是此生的问题,说不定是在过去生中所造的业力,也说不定是这一生中不知不觉埋下的病因。不管是前世因或是今世果,总是要泰然接受。有病时,要看医生接受正确的治疗,假如还不见效,尽人事后就听天命。但病重时不能想要自己了断,人本来就是不断受业,在人生最后的时刻又再造业,这样的业可能会重得足以堕入地狱。人与人之间需要圆满的缘,不管是好缘或坏缘,总是要好好接受,等到该报的恩都报了,该还的债也还了,再安心的离开人间。假如一味逃债会更还不清,业拖得愈多,果报就愈可怕。生病也是一样,欢喜接受就不会有那么多埋怨与不安。

问：未进入慈济前,一心修持净土,愿往生西方极乐世界。加入慈济后,很赞同慈济的精神,但听说师父不鼓励大家到极乐世界,这让我感到进退两难。

答：不是不鼓励,反而更希望生活中每个当下就是极乐世界。要往生极乐世界必须有资源——善根、福德因缘具足。心净即土净,欢喜心就是净土,以佛心为人群奉献,为社会服务;用佛心看人,人人皆是佛,则处处是净土。家庭净土、生活净土、人间净土,当下就是极乐世界。反之,如果放下一切,什么都不做,只一心想往极乐世界去,这是消极的信佛,这才是我所不鼓励的。

问：因幼稚园交通车起火而丧生的幼童家属,前来请问上人孩子们往生的去处?

答：十多年前,我俗家的弟弟在军中遭人误杀往生,家人原谅对方,并以爱化解心中悲愤;数年前遭人绑架撕票的陆正,他的父母放下怨尤,以健康积极的行动纪念爱子。所以,别让一桩无法改变、已经过去的事实,使整个家庭深陷在愁云惨雾的苦境中,要早日打开心结,迎接亮丽的阳光。

孩子们纯净如一张白纸,他们是集体菩萨的示现,因为他们遭受的苦难,引起社会大众的重视,让有关单位重新检讨,许多孩子将因他们而获得更健康、更安全的生活空间。"死有重于泰山,有轻于鸿毛",孩子们的生命虽短暂,却牺牲得有价值、有意义,所以,他们绝对会往生到好的地方。假如想念孩子就念佛号,将念孩子的心,化成念阿弥陀佛救人的心。

问:九二一地震后,罹难者家属请问上人:"我们能为往生的家属做些什么?"

答:家属能为往生者所做的最好的事,就是不要因烦恼而伤了身体,尤其要照顾好自己的心。在了解人生无常之后,要为人群多做好事,让社会多些好人,这样家人的牺牲,所换来的是社会一股好的力量,这对往生者而言就是很好的功德。

天灾是很无奈的,一般人说"命运",佛法是说"业力",所谓"万般带不去,唯有业随身",世间人本来就是来来去去,有人先来后走,也有人后来先走,我们要接受这是自然的事。

如果找不到亲人的遗体,也不要那么挂碍和遗憾,他们的意识(灵魂)既然已经脱体,生者就不要再挂心,要虔诚祝福他。人生最痛苦的就是身体,没有了身体,就一点苦都没有了。父母不要为了往生的孩子而心痛,如果孩子很孝顺,那样他会很不安。

问: 有位会员的儿子,因车祸往生,双方因赔偿问题悬宕未决,而无法让死者入土为安?

答: 何妨息事宁人,这并非在卖儿子的命,应该以德报怨,才能将功德回向子孙。

问: 有位先生的父母在三年内相继往生,此后,他不时梦见父母,心中不免怀疑——如今父母是否过得不好? 能否为父母做些什么? 又如何解众生苦?

答: 何不从自己做起。自身之苦不能超脱,如何能心系众生呢? 世间事纯属外境,是用来自我警惕,非用于牵绊己心。以梦境来说,梦就是梦,醒来时,所面对的就是真实的人事,若一直停留在过去的梦中,就失去了现在。欲解众生苦,犹如失火时,快去救火最要紧,一瓢水或许无济于事,但已尽了一分心。

问: 癌症病人要求帮他们早日离开人间,以解脱烦恼,这时该如何是好?

答: 会要求解脱的病人,当时可能有着面对死亡的挣扎心态,我们能做的是让对方把心放下,得到心无牵挂的自在。可以告诉他们,佛教称死为"往生"——生是死的开头,死是生的起点,这一期的生命结束之后,会往其

他地方展开一段新的旅程。希望病患在面对死亡时，
可以安然无惧。

问：为什么经由助念，就能令往生者的身体由僵硬变柔软？

答：生死是每个人一生中的大事，在临命终时，多数人因牵
挂太多而心生惶惑，内心也充满对未知的忧怖畏惧，所
以全身肌肉紧绷僵硬。

　　轻柔的佛号就像一股清凉剂，能抚慰临终者的心
灵，使他们内心产生平静安详之感，因而舍去挂碍、放
下紧张，安然的离开人间，身体面貌自然因全身放松而
柔软、安详。

问：如果对方不是佛教徒时，该如何助念？

答：最重要的是安抚临终人的心灵，不是佛教徒也没有关
系，只要能让临终人安详的离开即可。

问：助念形式事宜。

答：助念形式可因时因地制宜，无须执著特别的模式，只要
做到"庄严、整齐、诚恳"就可以了。例如，有位慈济委
员的父亲往生时，没有诵经，只是将慈济歌选唱得很庄
严，那种肃穆慎重的气氛就让人很感动。在丧葬法事
中诵经，最重要的是亡者家属要用心了解经文的意义，
若是唱慈济歌选或佛教歌曲，以庄严的气氛来启发亡

者家属虔诚的心念,也是很好的方式。

又如慈济医院第一任院长杜诗绵往生后,有位基督徒为他做了一首曲子,再由杜院长的一位朋友谱上词——"佛光无边",这首曲子非常好听,告别式时大家清唱这首歌曲,气氛也非常庄严,杜院长的脸上还带着微笑,家属都很欣慰。而后,慈诚队员身着整齐制服,庄重肃穆地抬着棺木绕行台大医院一周(编按:杜院长曾任台大医院副院长),很多医师们看了,都觉得很感动。

问: 为什么死前会有痛苦感?

答: 痛苦是心的挣扎。人最放心不下的就是要离开人间,最怕的就是死。

问: 助念能否为人超度?

答: 这就要看助念的人平常是否守口业,行为是否端正受人尊敬,所说的话别人是否相信。若是平日的言行,活的人都不相信,如何让亡者信服,况且,并非助念就能让亡者解脱。

所谓"万般带不去,唯有业随身",平日自己造作什么样的业,往生时就带着这些业到来生。若此人在世时做尽恶业,至死都无悔意,即使为他念佛也无济于事;若此人常行善事,就算无人助念,也会带着自己累积的福缘而去。

问:父母往生,是否一定要做七?

答:这是中国人表达孝思的方式之一。父母亲辛苦地抚养子女长大,当他们过世一段时日后,子女因对父母仍是离情依依,自然就衍生出一番追思的仪式。当然,并非一定要用什么仪式,但最好是日日都有追思之心。

问:"超度"的意义为何?

答:眼睛闭上以后,由不得自己决定要到哪里去,一切都是随着"业"力流转。业就是造作,生前如何造作,死后就随个人所造作之业而去。即使佛陀也无法扭转众生业,所以,何人能为谁超度?

问:人死后火化,身体既然不存在了,则"万般带不去,唯有业随身"要如何解释?

答:佛教中有所谓"八识",识,无形无色,所以火烧不掉,风吹不动。八识的前六识是眼、耳、鼻、舌、身、意,是六根接触六尘(色声香味触法)而起的分别。第七识,是"思"的作用,辗转起心动念,便有所造作,而不论行善或造恶,最后尽皆收入第八识中。第八识又名藏识,也称业识,业识是无形的力量,牵引人在六道中轮回不息,所以说"万般带不去,唯有业随身"。

问:人死之后,到哪里去?

答:"未知生,焉知死?"把握现在最重要。睡眠即小死,在
每个小死之间,发挥活着的使用权,才是最真实的。不
知如何生活,只在乎死后,这种人生太空洞了。

问:何谓解脱生死?

答:放下现在的烦恼,就是最大的解脱。面对烦恼时能善
解、知足、感恩、包容,如此自然远离烦恼,而得欢喜
自在。

问:我们何时才能解脱,往生净土?

答:学佛就是要学"当下就是净土",现在能解脱,现在就是
净土!《阿弥陀经》上说:"不可以少善根福德因缘,得
生彼国。"既然缺少善根福德因缘,就无法生在净土,则
因缘就在我们面前,不好好把握,却使其空过,如此要
往生净土怎有可能?

问:往生者的相片放在家里是否会不吉祥? 为祖先超度消
灾是否有效? 一般寺庙的点灯及点眼是什么意义?

答:往生亲人的相片是一种纪念,也有慎终追远的意义,当
然可以放在屋内。对祖先要尊重,不要迷信,超度若真
有效,一次就够了,为何又要每年都做,消灾也是让自

己感到心安而已。人往生四十九天之内,就已投胎到他方去了,灵魂不会一直停在那里等你超度,所以心要定,心定才能选择正确的信仰。

人生就像一个舞台,业力是自己的导演,每个人都依自己的脚本来演自己的人生。戏演完了,也就下台了,不要再去执著舞台上的角色,要舍此投彼,因为还有下一场的戏等着你。把握当下好好的去做好事,业力将随着你的善恶而变化。

点灯是因为佛陀时代没有电,点灯才能看得见佛陀,道场有灯才会庄严,所以才有贫婆点灯供佛的故事,表示她无比的虔诚。至于点眼那就真奇怪啊!凡夫如何替佛点眼呢?信佛就是要提升自己的智慧,不要反求迷惑。

神鬼同道,神又称福德鬼,等于现代的官与流氓。只要你正正当当,就不会去与流氓勾结,他也不会找你麻烦;只要你堂堂正正,也不用去求官府。糊涂人都是迷失在先,之后才觉悟,贪得一时的快乐,待失意时才来后悔,真觉悟的人则是当下就能觉悟。

凡夫迷失于现在,又后悔过去;圣人则觉悟现在,解脱未来。

人常是处在困境时才懂得反省,才知要惜福,但境界消失后,这分警觉心也随之消失,内心时时又为外境所转。我常说要"定",定不是指打坐的时候没有听到任何声音,要不被境转才是真定。

问:人往生应以何种方式处理后事?

答:各个宗教都有不同的仪式。其实,人死已矣,仪式不过是让在世者追思,在安在世者的心而已。至于丧葬日期,也无须执著,"日日是好日,时时是吉时",不要忌讳时间犯冲这类的事,所说的犯冲,也不过是心理作祟,根本无有此事。

问:佛教常说随缘不变、不变随缘,也常要我们发愿,到底是要随缘还是随愿? 我两三年前发愿,此生结束后要往生西方极乐世界,最近又想去弥勒净土,可是想到自己习气很多,可能还没度别人,自己就先到地狱了,所以很困惑。

答:怎么这么想不开呢? 发愿就是立志,人一定要立志,修行一定要发愿,至于发什么愿,必须多用心。其实西方极乐世界只在于"心",弥勒菩萨的"菩萨训练场"即在人间,只要用心,当下就是西方;只要立志去做救人的工作,慈济就是菩萨训练场。

问：人将往生时,如何才能心无惶恐,很自在的谈论死亡?

答：逃避谈论死亡议题是一种不正确的心态,为什么一般人怕谈死,是因为不明白生是死的起点,死是生的开始。不过,要对生死很自在,书面理论是一回事,真正的体会又是一回事。一般人常有一种恒常的习惯,以为眼前所见永远都会如此,其实世间万物都不断在变迁中,只是有的变化很细微,难以察觉罢了。人的生命也是一样,不可能停顿不变,生老病死是人人必经的过程。

已往生的慈诚队长林徽堂,他在生病时,仍不放弃生命的使用权,不只口头上说说,是真正身体力行。当人家问他:"你以后要去哪里?"他说:"回来慈济!"他说得很轻松,一点都不挂碍。这就是佛经里说的"临命终时,心无贪恋,意不颠倒",活着时尽力付出,到了最后该走就走,没有惶恐,这样的生命多有价值!

问：上人往生后,慈济怎么办?

答：人人都问我这个问题,好像我大限将至似的。其实每个人都会走到人生终点,但是不要去想什么时候会死,而是要常警觉人生无常,随时都可能会死,所以要警惕自己,时时刻刻将生命良能充分发挥。

问：“舍利”到底是什么？

答：“舍利”其实就是骨头。之所以有一粒粒的“舍利子”，或如一朵朵花似的“舍利花”，是因亡者体质不同于常人，故在火化后会遗下不同形状的骨头。

问：一位资深老师姊的老伴往生了，她极力为他诵经做法事，但不知这样是否就已足够，内心实在凄惶不安。

答：一句佛号彻底不断，如此简单就好了。事实上，你心安，他就灵安，最重要的还是你自己啊！你们夫妻俩生活了大半辈子，长久以来你一直柔顺夫婿，在他卧病期间，始终悉心陪伴照顾，可说已尽人事，而今先生先走一步，就祝福他快去快回吧！

　　我曾看过一位大姊头似的老妇人，在她七十多岁时，先生离开人间，丧事期间她就戴上红花，既不请法师诵经，也对前来的客人说：“他时候已到，向我们说再见，我们就对他说好好的走，快点去啊！不要吵吵闹闹的吵死人，要让他安静的走。”老妇人的潇洒，令我印象深刻，他们是对恩爱夫妻，感情很好，当时她已七十多岁，又是距今二十多年前的保守社会，这位老妇人能对至亲的死看得那么开，这使我十分敬佩。

　　人天两隔时，各人走各人的路就是了。他生前的作为,决定他的去处,我们自己的心要看得开,舍不得之类的各种烦恼都要放下。倘若你的心一直放不下,嘴里念的经却都是教你要放下,这样的矛盾,如同你一直教他放心、好好的走,但同时却又用线拉住他,这到底要教他如何是好? 因此,不要沉浸在爱别离的痛苦中,应该出于理智之爱,好好看待、处理夫婿辞世之事,这才是学佛本色。

问：泰国师兄师姊因有一会员在普吉岛往生,慈济人前往助念后得到很大的回响,并经由当地一家报社大幅报导,所以很多人认识了慈济,成为慈济会员。故此师姊请示上人：不知助念的方式是否可行?

答：助念可以,但是要懂得如何做,不能没有原则。助念最重要的涵意是彼此的情感关怀,而且大家要了解念佛的意义,在启发人人的悲心,体会世间的苦。

问：听人说必须求生净土,才不会有隔世之迷?

答：就因怕有隔世之迷,所以“现在”就要立定道心,才能心无退转。据《阿弥陀经》所说,要往生净土,必须七日之间心无杂念,但这谈何容易!

所谓“心净即土净”,净土就在我们心中,离开心并无净土可言。学佛不离世间法,离世如何觅菩提? 苦难的众生不是别人,而是自己,能好好在人事上用心,将内心的污染去除,没有贪瞋痴慢疑,如此心就清净,心净则无处不净土。

问：人将往生的那一刹那,会见到许多亲人及冤亲债主,或变为菩萨的形象来接引他,到时候我们应该如何辨别,是否真是菩萨来接引呢?

答：佛陀在《金刚经》中,明白的开示我们"不要著相"。人在临终时会见到一些境界,那都是因为内心不自在的缘故。但是,有时候我们会遇见病危的人,在不甚清醒的情况下自言自语："某某人来接我……"等一类的话,这并不代表真的有什么样的境界出现,只是因为他本身无法接受死亡的来临,使得身心处在游离的空间中,而有幻相产生。只要心中没有杂念和执著,人的往生应该是件很自然的事,唯有自己在内心惶恐的情况下,才会因此感到痛苦。

问：涅槃是指人已经往生了吗?

答：涅槃是寂静光明的意思。我常说"静寂清澄",静寂就是寂然无声,心很静的境界。就像一面很清楚的镜子,不论外面是什么样的境界,都不会影响到这面镜子,都是一样山来照山,水来照水,永远明明白白,这就叫做

"静寂清澄"。

寂光的境界,也就是安然自在、光明的境界,不受烦恼所困扰,就叫"寂光",也可以说是涅槃的境界,不受世间种种来影响我们的心态和生活,是一种解脱的境界。

问: 守孝期可否剪指甲、头发或刮胡子? 为什么为亡者助念后,亡者脸部的表情会改变?

答: 在守孝期间可以修剪胡子、指甲和头发。民间会有这种习俗,主要是以前的人,将父母往生的忧伤表现在外表,以此不修边幅来让人知道自己的伤痛,表达出对父母的报恩之心。守孝或守墓三年,都是表达孝思的一种方式,不过基本上是着眼于从前的农业社会,生活较悠闲。

生活在现在,应依着现代的生活形态而有所演变,如果只执著过去,社会的运转可能就无法顺畅。佛教是正知正见的宗教信仰,引导人走向积极的人生。现代宗教强调哀思,哀思是用虔诚的心,积极安慰往生者的意识灵魂,称为安灵。至于往生者脸上表情难看或是身体僵硬,这是由于心里害怕,因为舍不去爱别离、贪、瞋、痴、埋怨、疑惑和惶恐,这些习气一下子表达在往生后的刹那,因此内心呈现复杂的意识,所以身体会僵硬。

如果在这个时候为往生者念佛,不要有其他声音吵他,就能使往生者慢慢进入状况,此时他的意识就很容易接受,所以有人对往生者说眼睛闭上,往生者就真的闭上,嘴巴要合起比较庄严,他也会慢慢合起来,因为他心安自在,全身就会软软的像睡着一样,安详长眠。

问：有人说除了吃斋念佛,还要多了解《无量寿经》,才能往生极乐世界?

答：一般佛教徒都说"念佛往生极乐世界",我觉得要等到往生就太迟了,我们现在就可以到极乐世界!极乐世界在人间,只要你所听所看到的都是法,这就是极乐世界。在慈济世界里,所看到的哪一件不是法,哪一件不是让我们很欢喜的事情,此即"立地是佛"。

佛法里所说的"念佛",其实是念佛的法门,并非所有佛教徒都是修念佛法门,这是要看他的根机、根性,是不是喜欢、适合念佛。而念佛总比杂念好得多,所以,念佛只是要让你消除杂念,多培养一些好的念头,不要胡思乱想,念佛只是引导你入门,或是培养善念的一个法门而已。

问：人一出生，八字是不是就已经写好了？

答：人是不是出生就有八字呢？其实人的生死是一定的，非由八字来定命。所谓八字可以说就是"业力"，过去世造了什么业，就会牵引他出生在有缘的父母家里，之后，本身的业力会一直延续，跟着他一辈子。所以，凡夫受业力的转动，有好缘就能转业，就能转命，但是凡夫总是起起落落，因而被业所转，圣贤人则能转业。

问：我的父亲他们有三兄弟，在奶奶生前，除了纠缠要奶奶拿出私房钱外，并不关心奶奶的身体。奶奶往生后，我对叔婶们一直有个心结，无法解惑，我观察现在社会上很多人也都是这样。请问上人现世报的因果？

答：当然我们要很重视因果，我所说的因果是长辈要做给晚辈看。人家说"父母是孩子的模"、"养儿防老"，我也常说"父母是我们的堂上活佛"，将来期待自己的孩子用什么形态对待我们，现在就要做模范让孩子看。

要去哪里拜佛才会灵验，其实我们堂上就有活佛，譬如祖父母或父母都是我们的堂上活佛，要供养佛菩萨，买很丰富的东西去拜，名称上是在拜，其实，都是我们自己在用。佛菩萨不需要我们供养，但是我们要接受佛菩萨的教育。而父母是我们堂上的活佛,能供养父母是我们的福。

你有父母,父母还有妈妈,即使叔叔们不想孝顺,能多去关心、照顾奶奶,这是你的福。大家把福让给你,你可以供养上两代的长辈,让下一辈的子孙看,这就是福,也才是真正的"养儿防老"。不要计较,做就对了,对叔叔等长辈我们不要有怨心与恨心,那是他们无福、做不到。怨是一颗种子,不要怨,只能跟他们说:"很可惜!"

问:念哪一尊佛的佛号功德最大?

答:不管是念阿弥陀佛或释迦牟尼佛,目的是要念到心很寂静。有人以为人往生时才念阿弥陀佛,或念阿弥陀佛这个人才能往生,其实,念阿弥陀佛会往生,没有错;念释迦牟尼佛同样会往生,也没有错;念观世音菩萨也会往生,就是念弥勒菩萨也会往生,这都没有错。如果念什么佛号后可以不会往生,那么大家都想念。

往生是"舍此生,投彼生"之意。有人说:"我为他念佛念两三天了,他怎么还没有往生?"这是时辰未到啊!新的父母缘还未成熟,就一直要他离绝旧缘赶快往生,这样不是很无情吗?我们应该要顺其自然。至于念什么佛号的功德最大？告诉大家,念得虔诚欢喜的功德最大。

问：六道轮回很可怕,希望往生后不要再来人间,只愿从此解脱六道轮回。

答：事实上,真正的佛法要落实在人群中,必须发弘愿、立大志,为普天下众生付出,才是真正的菩萨道。以众生为念,就没有自己的烦恼,这才是真解脱,只为自己打算,就会自我堕落在烦恼中。

问：病人往生的时候,能否为他皈依？对他是不是能有帮助？

答：皈依需要病人平时就有皈依的意愿,如此才有意义,而不是病危了才皈依。真正的皈依是心灵上的契合,尔后发挥功能,皈依者才会有感受。

问：见病人未往生,不敢为他念"阿弥陀佛",而改念"观世音菩萨",这样对吗？

答：不要执著未往生时要念什么,不能念什么,这就不对啦！其实念什么都没关系,只要往生者听到佛号声时,徬徨恐惧的心能转为安详自在,就是对的。

问：如何办理丧事？

答：丧礼简单隆重即可,过度铺张对往生者没有任何意义。

在丧葬期间，家属最好全部茹素，也用素食来祭拜，以慈悲护生之心来祝福往生者。

传统的观念，认为人往生后应该入土为安，并且要声势浩大、热热闹闹的办场丧事。可是，我们有位委员却将先生火化处理，这是家族中有史以来的首例，她起初担心会招来反对声浪，没想到简单庄严的告别式之后，整个家族都非常欢喜，有些长辈有感而发："时代不一样了，现在的丧礼应该像这样办得简单隆重，以前那种吵吵闹闹的方式真的没必要！"

问："拜天公"的意义在哪里？

答：记得小时候，大人们会在数天前就准备好祭祀用物，还特别交代小孩子不可随便乱摸、跨越或是先偷吃等等，定了很多规矩，都是为了拜天公。所以，在我小小的心灵中，对"天公"非常敬畏，认为天公很伟大！进入佛门，从经文中发现天公会向佛陀顶礼，再继续研究，才知道天公在佛教中称为"释提桓因"，是忉利天宫的天主，而"三界公"就是"梵天王"。

天公与三界公都皈依了佛陀，因为佛的智慧超越三界，宇宙万物的真理都在佛陀的智慧中，佛陀才是最超越者。我们对天公、三界公是不需"畏惧"的，不论拜天公或其他神祇,意义都在表达尊重,教人不忘民俗礼仪,也就是道德的存在。所以,我并不反对拜天公,但是不要杀生祭祀,只要以素果、清茶敬拜即可,以前的人怕得罪天公,所以对天公很恭敬。而佛陀心量大,普天之下没有不爱、不信任、不原谅的人,所以我们不须畏惧佛,而应礼佛、敬佛。

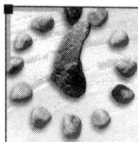

生命的对话

之一：每天对自己负责，

每天都毫无憾恨，

如此就不会带业往生。

之二：凡事不悲观，

就能学得自在，

学得能放下一切。

之三：生老病死是自然现象，

亲人的世缘已尽，

我们就该欢喜的送他走，

切莫用悲苦的心牵绊他。

之四：生命在呼吸间，

要深入探讨生命的意义、人生的价值，

以及如何死得无所挂碍。

之五：当下能超越人与事的烦恼，

当下即是"了生脱死"。

真正的生死自在就在当下，

而非往生后的解脱。

之六：人生无常，

要好好把握宝贵的生命去付出良能。

之七："草露风霜闪电光，

堪叹人生不久长，

有生有死皆有命，无来无去亦无生。"

之八：生死是不自由的，

谁都不知道我们来人间何时会往生，

所以要把握人生的使用权，

好好的利用有限的生命。

之九：我们要有无常观，居安思危，

时时将心照顾好，做任何事都要谨慎、警觉，

减少因疏忽而发生不幸事件。

生命只有在使用时才有价值。

之十：人要能透视"生之悲苦；死之解脱"。

之十一：人生要有使命感，

才不会空过人生，

还要立愿不断回入娑婆，

净化世间。

娑婆世界苦乐参半，

但能体会人生之苦，

才有机会去关怀别人。

之十二：聚散皆是缘，

与其哀伤悲凄，

不如虔诚祝福往生者迎向新生。

"觉情"才是菩萨的深缘。

之十三：往生，往生！

生是死的起点，

死也是生的开头。

之十四：学佛路上要多结好缘，多做好事，

否则一旦世缘尽了，将何去何从？

"万般带不去，唯有业随身"，

多造福缘，善业就会带着自己往生善处，

继续走在菩萨道上。

图书在版编目（CIP）数据

生死皆自在/释证严讲述.—上海:复旦大学出版社,2012.1(2021.5重印)
(证严上人著作·静思法脉丛书)
ISBN 978-7-309-07697-4

Ⅰ.生… Ⅱ.证… Ⅲ.佛教-人生哲学-通俗读物 Ⅳ.B948-49

中国版本图书馆 CIP 数据核字(2010)第 216371 号

慈济全球信息网:http://www.tzuchi.org.tw/
静思书轩网址:http://www.jingsi.com.tw/
苏州静思书轩:http://www.jingsi.js.cn/

原版权所有者:静思人文志业股份有限公司授权复旦大学出版社
独家出版发行简体字版

生死皆自在
释证严 讲述
责任编辑/邵 丹

复旦大学出版社有限公司出版发行
上海市国权路 579 号 邮编:200433
网址:fupnet@fudanpress.com http://www.fudanpress.com
门市零售:86-21-65102580 团体订购:86-21-65104505
出版部电话:86-21-65642845
上海崇明裕安印刷厂

开本 890×1240 1/32 印张 8.5 字数 134 千
2021 年 5 月第 1 版第 5 次印刷
印数 13 901—16 000

ISBN 978-7-309-07697-4/B·376
定价:28.00 元